"나는 절친한 두 친구 피터 드러커와 밥 버포드 사이의 매혹적인 뒷이야기를 직접 목격했다. 역사상 가장 똑똑했던 인물 피터와 밥의 놀라운 대화는 이제 모든 사람을 이롭게 한다."

릭 워렌 새들백 교회 설립목사, 《목적이 이끄는 삶》(디모데) 저자

"이 책은 최고다. 내 인생에서뿐 아니라 다른 사람들의 인생에서도 피터 드러커와 밥 버포드보다 더 영향력이 있는 두 사람은 없는 것 같다. 두 사람의 우정과 자극 있는 교류가 주는 교훈은 당신이 놓치고 싶어 하지 않을 선물이다!"

켄 블랜차드 《칭찬은 고래도 춤추게 한다》(21세기북스) 저자

"밥 버포드만이 피터 드러커의 본질을 감동적이면서도 사실적으로 그려낼 수 있다. 밥 버포드만큼 피터와 가까운 친구가 있을까? 밥의 책은 피터 그 자체다."

프랜시스 헤셀바인
프랜시스헤셀바인 리더십연구소(전 피터드러커 비영리경영재단) 대표

"《밥 버포드, 피터 드러커에게 인생 경영 수업을 받다》는 재미있게 읽힐 뿐 아니라 우리가 지금껏 알지 못했던 가까운 친구이자 스승으로서 피터 드러커가 지닌 면모를 근거리에서 보여준다. 우리는 그의 곁에 앉아 조직의 중요한 교훈을 배울 수 있고 인생의 아름다운 교훈까지 덤으로 얻을 수 있다. 드러커에 관한 책이 많이 출간됐지만 이 책은 단연 돋보인다."

릭 워츠먼 드러커연구소 소장, 칼럼니스트

"독자는 눈을 뗄 수 없을 만큼 감동적이고 흥미로운 방식으로 보여주는 놀랍고 특별한 우정 속으로 빠져들 수밖에 없다."

스티브 레인문트 펩시코 전 회장, 최고경영자

"스승은 다른 사람들의 삶과 일에 자신을 쏟아부어 자신의 영향력을 배가하는 사람이다. 피터는 밥에게 그런 스승이었고 밥은 다시 수많은 사람들의 스승이 되었다. 두 남자가 어떻게 서로의 삶을 바꾸었는지, 그리고 자신의 변화를 발판으로 삼아 지금도 세상을 바꾸고 있는 연쇄 반응을 통해 '인간의 필요를 채우고 고통을 줄이는' 변화를 이루고자 힘쓴 이야기를 읽으면 내 마음에 온기가 감돈다."

리처드 스턴스 미국 월드비전 대표, 《구멍 난 복음》(홍성사) 저자

"이 책은 타의 추종을 불허한다. 나는 메모를 하면서 한 번 읽은 뒤 다시 처음부터 읽었다. 밥의 새 책을 추천할 수 있어서 기쁘다. 작은 책이지만 묵직한 울림을 준다! 심오한 협력과 감동적인 리더십의 지혜가 녹아 있는 강력한 이야기는, 남들을 섬기는 더욱 쓸모 있는 인생으로 우리를 인도한다."

톰 티어니 브리지스팬그룹 공동설립자, 회장

"개인적으로 피터 드러커를 알지는 못했지만 나는 그가 하는 일을 멀리서 바라보며 감탄해왔다. 한 사람을 속속들이 알기가 어려운데, 《밥 버포드, 피터 드러커에게 인생 경영 수업을 받다》는 우리가 하는 일에 크나큰 공헌을 한 중요한 인물에 대해 참 많은 것을 보여준다. 이런 내용을 우리와 공유한 밥에게 감사한다."

커트 풀런 허먼밀러 노스아메리카 사장, 드러커연구소 자문위원장

"《밥 버포드, 피터 드러커에게 인생 경영 수업을 받다》는 멘토십의 정석을 보여주는 책으로, 따뜻한 사제 관계를 이야기한다. 스승과 제자는 서로 어떤 도움을 주고받을 수 있는지 잘 보여주는 모범 사례다. 이 책을 읽는 동안 나는 그들의 대화를 엿듣는 기분이 들었다. 우리에게 소중한 피터 드러커의 지혜는 덤이었다. 읽고 또 읽을 만한 책이다. 최근 읽은 책 중에서 최고다."

윌리 하울리 인터웨스트 파트너스 공동설립자

"전설적인 경영 사상가 피터 드러커와 협력한 한 기업가의 감동적인 이야기는, 위대한 생각과 열정적인 실행이 정말 세상을 바꿀 수 있다는 것을 보여준다."

마이크 울먼 J.C. 페니 최고경영자

"밥 버포드는 훌륭한 책을 만들었다. 이로써 우리는 피터 드러커의 통찰과 지혜를 덤으로 얻는다."

필립 앤슈츠 앤슈츠 컴퍼니 최고경영자

"피터 드러커는 다른 작가들의 책에 서문을 쓰는 경우가 드물다. 하지만 밥 버포드를 위해서는 두 번이나 썼다. 그것만으로도 두 사람이 어떤 사이인지 알 수 있다. 《밥 버포드, 피터 드러커에게 인생 경영 수업을 받다》에서는 두 사람의 관계가 생생히 드러난다. 우리는 두 사람의 삶을 자기 발전의 등대로 삼아 배울 게 아주 많다."

브루스 로젠스타인
《리더투리더》 편집장, 《피터 드러커를 공부하는 사람들을 위하여》(디자인하우스) 저자

"세상에서 가장 훌륭한 신앙의 기업가 밥 버포드. 지난 세기 최고의 경영 사상가 피터 드러커. 평생지기로 함께 세상을 바꾼 두 사람의 정말 특별한 이야기다!"

빌 드레이턴 아쇼카 최고경영자

"인생을 바꾸는 책들을 쓴 밥 버포드를 나는 오랫동안 존경했다. 《밥 버포드, 피터 드러커에게 인생 경영 수업을 받다》는 내가 좋아하는 새 책이다. 눈을 떼지 못하게 하고 밥과 드러커의 관계를 내 것이 되게 한다. 한 남자이자 친구로서 드러커에 대한 특별하고 놀라운 통찰을 제공한다."

잭 버그스트랜드 브랜드벨로시티 최고경영자

"《밥 버포드, 피터 드러커에게 인생 경영 수업을 받다》는 파트너십의 힘을 보여준다. 피터 드러커의 천재성과 밥 버포드의 개방적이고 기업가적인 에너지가 만났다. 지금까지는 두 사람의 시너지 효과가, 말 그대로 오늘날 교회의 지형을 바꾸었다는 사실을 아는 사람이 드물었다. 영적인 리더에게 훌륭한 통찰을 주는 이 이야기는 널리 전해져야 한다."

로버트 루이스 멘스프래터니티 설립자, 목사

이 책에 대한 짧은 서평은 책의 마지막 부분에서 계속 이어집니다.

밥 버포드, 피터 드러커에게
인생 경영 수업을 받다

밥 버포드,
피터 드러커에게
인생 경영 수업을 받다

밥 버포드 지음 | 최요한 옮김

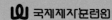

"미래를 예측하는 가장 좋은 방법은 미래를 만드는 것이다."
— 피터 F. 드러커

수많은 사람들의 여정을 도와준
피터 F. 드러커의 발자취와
지금도 그 여정에 박차를 가하는 이들에게
이 책을 바칩니다.

차례

드러커의 유산

이 책은 피터 드러커가 길러낸 최고의 제자가 쓴 작지만 훌륭한 책이다. 밥 버포드는 드러커를 찾아간 일, 스승에게 직접 가르침을 받은 일, 자신이 배운 것으로 사람들의 변화를 이끌어낸 일 등을 이야기한다. 위대한 스승은 어떻게 훌륭한 제자를 통해 세상을 바꾸는지 그 비결을 짜임새 있게 보여준다. 밥은 자신의 일대기에 드러커의 짧은 전기를 곁들이는 방식으로 드러커의 중요한 가르침과 관찰을 예리하게 드러낸다.

피터 드러커는 왕성한 필력을 자랑했다. 수백 편에 달하는 기고문과 서른 권이 넘는 책을 합하면 무려 만 쪽이 넘는 데다가 사물을 꿰뚫는 예리한 관찰과 통찰이 가득하다. 사려 깊은 리더들은 '반드시' 드러커를 읽어야 한다는 것을 알지만 방대한 양 앞에서 현실적인 문제에 부딪힌다. 그들은 어디서 시작

사려 깊은 리더들은
'반드시' 드러커를 읽어야 한다는 것을 알지만
방대한 양 앞에서 현실적인 문제에 부딪힌다.
그들은 어디서 시작하고
어떻게 접근해야 할지 갈피를 잡지 못한다.
아직 드러커의 드넓은 사상의 바다에
뛰어들지 않았다면 이 책은 최고의 입문서다.

하고 어떻게 접근해야 할지 갈피를 잡지 못한다. 아직 드러커의 드넓은 사상의 바다에 뛰어들지 않았다면 이 책은 최고의 입문서다. 드러커를 이미 읽었다면 이 책에서 독특한 관점을 발견할 것이다. '피터 드러커를 스승으로 모시면 얼마나 좋을까'라는 생각을 했다면, 이 회고록을 읽으며 그같이 드물고 진실한 체험을 할 수 있다.

나는 밥의 흥미진진한 이야기를 읽는 동안 피터의 영향력 있는 가르침 가운데 중요한 세 가지 요소가 눈에 들어왔다.

'첫째, 그는 제자들에게 생각할 것을 전하기만 한 게 아니라 스스로 생각할 힘을 길러주었다.' 해마다 피터는 밥을 만나기 전, 그에게 장문의 편지를 쓰게 했다. 밥은 자신의 문제에 대해 깊이 생각할 수밖에 없었다. 피터는 요점과 아이디어가 아니라 질문으로 상담을 시작했다. 피터의 위대한 가르침은 답을 주는 게 아니라 바른 질문으로 압박하고 토론하는 것이었다. 그는 밥이 스스로 생각하기를 바랐다. 피터는 소크라테스처럼 가르쳤기 때문에 제자가 자신에게 배우는 만큼 자신도 제자에게 배웠다. 이것이 그가 지속적으로 자기 쇄신을 할 수 있었던 비결이다. 그 위대한 스승은 먼저 제자에게 배워야 제자를 잘 가르칠 수 있다는 믿음을 가지고 겸손한 자세로 시작한다.

'둘째, 피터는 제자들의 생각만 바꾼 게 아니라 삶을 바꾸었고, 제자들을 통해 다른 사람들의 삶도 바꾸었다.' 제자를 시간과 공간을 지나는 벡터에 비유해보자. 그 벡터의 궤도를 약간이라도 바꿀 수 있다면 벡터의 작은 변화는 몇 년 후 큰 원호(arc)로 나타날 것이고, 더욱이 그 벡터가 수십, 수백, 수천의 다른 벡터들의 궤도까지 바꾼다면 세상에 대한 스승의 영향력은 몇 배로 증가할 것이다. 이것은 정확히 드러커가 스승으로서 했던 일이다. 그는 최고의 제자들에게 대담한 기준을 세워 제자의 삶을 바꾸었다. 이를테면 드러커는 인생의 전반기보다 더 의미 있는 후반기를 살라고 밥을 재우치면서, 혹시 했을지 모를 은퇴에 대한 생각을 아예 못하게 만들었다. 드러커는 밥에게 "잠자는 미국 기독교의 힘을 깨워 역동적인 힘으로 바꾸"라고 자극했다. 결코 작은 일이 아니었다. 그 때문에 밥은 자신의 여생을 가장 창의적이고 생산적으로 만들 그 일을 시작했다.

'셋째, 피터는 훌륭한 제자들에게서 높은 행운수익률(Return on Luck)을 얻었다.' 나는 우수한 성과를 이룬 사람들이 가진 (또는 가지지 못한) 행운과 그 역할에 관심이 크다. 행운을 면밀하게 규정하고 계량해보았더니 탁월한 리더들과 그들의 기업이 운이 더 좋은 것은 아니었다. 우리가 비교 조사한 바에 따르면, 그들은 하위 기업에 비해 행운이 더 많은 것도, 불운이 더 적은 것도, 행운의 타이밍이 더 좋은 것도, 더 큰 행운이 따른 것도 아니었다. 하지만 그들은 행운에서 더 큰 '수익'을 거두었다. 그들은 행운이든 불운이든 인정하고 붙잡아 남들에 비해 더 큰 성과를 냈다. 우리에게 중요한 문제는 행운을 얻느냐 못 얻느냐가 아니라 우리가 얻은 행운으로 무엇을 할 것이냐이다. 이것은 피터 드러커와 어떤 관련이 있을까? 이렇게 생각해보자. 선생이 얻을 수 있는 가장 중요한 행운은 훌륭한 학생을 만나는 것이다. 뜻밖의 훌륭한 학생을 만나는 행운을 거머쥔 선생은 학생에게 열 배를 투자한다. 피터 드러커는 밥 버포드에게 중요한 가르침을 투자하면 보통 학생에게 투자했을 때보다 훨씬 큰 수익을 얻으리란 것을 예감했다.

드러커의 영향력은 그의 아이디어뿐 아니라 아이디어에 접근하는 전체적인 방식, 궁극적으로 스승으로서 그가 가지고

드러커는 경험을 중시했다. 그는 순수한 이론보다
실제 사실을 관찰하고 사실과 증거, 실용성에
기초한 이론을 세워서 통찰을 끄집어냈다.

있는 힘에서 나온다. 드러커는 경험을 중시했다. 그는 순수한
이론보다 실제 사실을 관찰하고 사실과 증거, 실용성에 기초
한 이론을 세워서 통찰을 끄집어냈다. 나는 드러커에게 그의
컨설팅의 목적에 대해 물은 적이 있다. 그는 "아, 컨설팅은 실
험실이지"라고 대답했다. 그는 자리에 앉아 거창한 생각을 하
는 것을 싫어했다. 사람들에게 구체적인 영향을 줄 수 있는 통
찰을 원했다. 하지만 드러커는 구체적인 성과에 집중하면서도
자신의 가르침을 기계적 '방법론'으로 축소하지 않았다. 밥은
본문에서 이런 말을 한다. "그의 이야기를 들으면 기업 경영의
자잘한 일들을 떠나 성품과 미래상, 책임 같은 더 넓은 지평이
보였다." 드러커는 경영학과, 경영학의 형제자매인 리더십을
기술이 아닌 인문학으로 보았다.

　나는 드러커가 대범하고 포괄적인 한 가지 물음, "생산적이
고도 인간적인 사회를 만들려면 어떤 원리가 필요한가?"라는
물음을 좇아 일했다고 믿는다. 밥 버포드는 언젠가 나에게 자

신은 피터 드러커가 윈스턴 처칠을 포함한 어느 누구 못지않게 자유주의가 전체주의를 이기는 데 공헌했다고 믿는다고 말했다. 처음에 나는 밥의 다소 극단적인 발언에 어리둥절했지만 곧 그의 말이 옳다는 생각이 들었다. 자유주의 사회가 제대로 작동해 폭군이 설 자리를 허용하지 않게 하려면, 반드시 사회 곳곳에 높은 성과를 내고 자유롭게 운영되는 조직이 있어야 한다. 이런 자율적인 조직을 가능하게 하는 것은 뛰어난 경영이다. 큰 것과 작은 것, 실용적인 것과 철학적인 것, 미시적인 것과 거시적인 것을 연결하는 것은 드러커의 고전적인 이원성(duality)이다. 그는 한편으로 경영자들에게 '효과적인 것'에 기반을 두면서, 다른 한편으로 인간 사회가 반드시 풀어야 하는 가장 중요하고 장기적인 물음의 맥락에서 '효과적인 것'을 상상했다.

마지막으로, 가장 중요한 것은 드러커가 모든 일에서 개인에 대한 긍휼과 관심을 잃지 않았다는 점이다. 그리고 이것이 그를 위대한 스승으로 만든 주춧돌이다. 나는 드러커의 모든 일은 본질적으로 옳다고 믿는다. 사회의 작동에 대한 그의 통찰은 지금까지 역사가 증명했고 앞으로도 그럴 것이다. 하지만 그런 드러커도 하나만큼은 부분적으로 잘못 안 것이 있었다. 밥 버포드가 드러커의 유산을 발전시킬 방법을 묻자 그는 성급하게 손을 흔들며 물음을 물리쳤다. "내 유산은 내가 쓴 글이야." 그것도 맞다. 하지만 조금 부족하다. 그가 기른 제자들, 세상에 대한 그들의 영향력도 똑같이 중요한 유산이다. 드러커가 훌륭한 스승이 아니었다면, 타자기 앞에 앉아서 은둔자처럼 살았다면, 그의 영향력은 대폭 줄었을 것이다. 그런 피터의 유산을 밥 버포드가 선물한《밥 버포드, 피터 드러커에게 인생 경영 수업을 받다》보다 더 분명하게 말해주는 것은 없다.

2013년 4월 8일
콜로라도 주 볼더에서
짐 콜린스

내 친구 드러커

이 책에서 나눌 이야기의 뼈대를 세우고 중심을 잡기 위해 나는 창의적인 사람들을 모았다. 새 프로젝트를 시작할 때면 팀을 자주 만든다. 나는 베스트셀러 작가이자 경영 컨설턴트인 피터 F. 드러커와 20년 넘게 우정을 나누었다. 나는 거의 모든 만남과 회의를 기록으로 남기는데, 거기에 피터의 것도 있다. 장장 1천 쪽이 넘는다. 책 한 권을 만들 수 있는 방대한 내용이었지만 책을 만들기 위해서는 객관적인 눈과 귀가 필요했다.

그 일이 거의 5년이 걸렸다. 나는 팀원들을 만나 하루나 이틀이면 책을 만들 수 있을 것이라고 생각했다. 우리는 굉장한 책이 탄생하리라 기대했다. 하지만 내가 쓰는 글은 기존에 출간된 피터 드러커에 관한 여러 책들과 똑같아 보였다. 그런 책은 지금도 많고 앞으로도 수두룩할 것이다. 나는 '똑같은' 책은 쓰기 싫었다.

실패를 거듭한 끝에 한 팀원이 직언했다. "피터를 잘 알지 않으셨습니까? 두 분은 친구처럼 지냈습니다. 친구에 대해 쓰는 건 어떨까요? 가까운 친구로서 피터를 소개하시는 겁니다."

전설의 배후에 있는 인물을 드러내는 것. 정확히 그게 이 책에서 내가 한 일이다.

남의 험담을 맛깔스럽게 이야기하는 책들은 독자의 호기심을 자극하기 마련이다. 당신이 그런 것을 원하는 사람이라면 적잖이 실망할 것이다. 첫째, 나는 어리석고 음흉하게 관계를 이용해먹는 '친구들'은 질색이다. 그리고 나는 자존심을 버릴 뜻이 없다.

설령 내가 잠시 판단력을 잃어 '모든 것을 까발리기'로 한다 해도 그런 책은 결코 쓰지 못할 것이다. 이유는 간단하다. 들추어낼 게 하나도 없기 때문이다. 피터는 보기 드물게 말과 행동이 일치하는 사람이었다. 그가 직업적으로 했던 모든 일의 동기는 '온전한 사회'(fully functioning society)를 위한 것이었다. 그는 온전한 사회는 '온전한 인간'(fully functioning human being)에게서 나온다고 보았다. 그는 지조와 절개를 지키며 살았다. 불건전하고 불성실한 일을 멀리했다. 그는 아내와 가족, 일을 사랑했다. 그에게 한가한 시간이 있다는 것은 사랑하는 것에 피터는 보기 드물게 말과 행동이 일치하는 사람이었다.
그가 직업적으로 했던 모든 일의 동기는
'온전한 사회'를 위한 것이었다. 그는 온전한 사회는
'온전한 인간'에게서 나온다고 보았다.

힘을 다 쓰지 않았다는 뜻일 게다.

　우리는 어울리는 구석이 없는 친구였다. 나이 차가 한 세대
나 났다. 한 사람은 오스트리아 억양이 심한 영어를 썼다. 한
사람은 텍사스 주 영어를 썼다. 나는 케이블방송국 소유주였
다. 피터는 TV가 없었다. 나는 양복 차림이었다. 피터는 긴팔
셔츠의 단추를 끝까지 채우고 끈 넥타이(bolo tie)를 맸다. 나는
미식축구팀 댈러스카우보이에 열광했다. 그는 일본 미술에 열
광했다. 하지만 몇 년 동안 우정을 나누며 알게 된 것처럼 우
리는 말 그대로 세상을 바꾸는 사건에 대한 열정을 공유했다.

　창의적인 팀원들과의 모임이 막바지에 이를 무렵 우리는 책
제목을 정하기 위해 브레인스토밍을 했다. 출판사들은 저자가
제안한 제목을 거의 사용하지 않는다는 것을 알았지만 상관없
었다. 당장 해야 할 일에 제목을 정하면 집중력을 높일 수 있
다. '사회 구원'(Saving Society)은 후보에는 올랐지만 끝내 탈락

된 제목이다. 고상하고 야심만만하고 어쩌면 거만하게 들리겠지만 이것은 피터와 내가 소명으로 여긴 일이었다. 나는 이 책에서 사회를 구하기 위해 우리가 어떤 계획을 세웠는지 정확히 설명하고자 최선을 다할 것이다.

밥 버포드

밥 버포드, 피터 드러커에게
인생 경영 수업을 받다

1부
직시해야 하는 것을
바라보라

1.
당신에게
하고 싶은 말

"이번에는 그이가 돌아오지 않을 거야."

—도리스 드러커

"끝을 내다보고 시작하라." 피터가 이렇게 말하는 것을 나는 얼마나 많이 들었을까? 열 번? 백 번? 나는 프로젝트마다 이 금언을 적용하니까, 여기서도 적용해야겠다. 이야기는 콜로라도 주 아스펜에서 시작한다. 나는 생각하고 글을 쓰고 목표를 점검하기 위해 가끔 이곳을 찾는다. 그때는, 창의력이 매우 뛰어난 브렛 이스트먼과 함께 아스펜에 있었다. 우리는 대단히 중요한 일에 골몰하고 있었는데, 내 아내 린다가 소식을 전해주었다. 언젠가는 닥치리라 예상한 일이다.

내가 사랑하는 친구이자 스승인 피터 F. 드러커는 임종을 앞두고 있었다.

이어진 자세한 내용은 한밤중에 침입한 도둑처럼 나쁜 소식의 정점을 찍었다. 그가 병으로 입원했다. 작별 인사를 위해 전 세계에서 가족이 입국했다. 생명유지 장치를 제거한다는 말이 들렸다.

나는 당장 병원으로 가야 한다는 것을 알았지만 여러 가지 이유로 그렇게 하고 싶지 않았다. 피터는 아흔 살이 넘었지만 지성은 여느 때처럼 번득였다. 나는 그의 다른 모습은 상상하기 어려웠다. 또한 나는 지나치게 감상적인 관심의 대상이 되는 것을 그가 달가워하지 않으리라는 것도 잘 알았다. 특히 작별 인사를 하러 모인 사람들에게 영민한 충고를 할 수 있는 상태가 아니라면 더욱 그럴 것이었다.

피터의 유별한 객관성과 유럽식 실용주의 덕분에 병원으로 가는 길은 복잡했다. 아스펜에서는 어디로 빨리 나간다는 게 여간 어렵지 않은 데다, 로스앤젤레스 고속도로를 이용할 생각을 하니 망설일 수밖에 없었고, 포모나카운티 병원을 찾아야 한다는 생각이 들자 더욱 가기 싫었다. 만사에 통달한 것 같은 피터였지만 집 근처에 있는 병원이 메이요 클리닉이나 UCLA 메디컬센터 못지않게 치료를 잘한다고 내게 말한 적이 있었다. 그래서 임종을 앞둔 그가 입원해 있는 병원이 어딘지 들었을 때 나는 씩 웃고 말았다.

또한 이런 상황이 닥치도록 서로 해야 할 말이 남아 있다면 그것은 친구 사이가 아니지 않은가. 우리는 임종에서 꼭 고맙다는 말이나 다정한 말을 해야 할 필요가 없었다. 틀림없이 서로 멋쩍을 텐데 거기서 무엇을 얻을 수 있단 말인가? 하지만 린다의 한마디에 아스펜에 머물겠다는 생각은 금세 사라졌다.

"가세요."

아내 말이 옳았다. 아내는 거의 항상 옳다. 게다가 브렛이 함께 가겠다고 하여 나는 마지못해 짐을 쌌다. 브렛은 휴대전화로 항공권을 구매했다. 아내가 운전하는 차를 타고 아스펜의 작은 핏킨카운티 공항으로 가는 내내 나는 불안과 슬픔에 잠겨서 침묵을 지켰다. 린다와 예수님(성경에 기록된 그분의 말씀과 모범)을 빼면 피터만큼 나에게 영향을 준 인물은 없었고, 어쩌면 이번이 생전에 그를 보는 마지막 만남이 될 터였다.

브렛은 롱비치까지 가는 항공권을 간신히 구했다. 그는 오렌지카운티에 있는 집으로 돌아가고 나는 차를 빌렸다. 오랜 여행에 지친 나머지, 도중에 우중충한 호텔에 들어가 자물쇠를 이중으로 잠그고 눈을 붙였다. 창문으로 들리는 고속도로의 소음, 한밤중에 내 방문을 두드리는 불안한 소리, 피터와 보낸 즐거운 시간들, 임종을 앞둔 그를 만난다는 생각으로 나는 잠을 자는 둥 마는 둥 했다.

내가 병실에 들어갔을 때 그는 혼자였다. 몸의 상태를 체크하고 호흡을 돕는 여러 가지 기계의 전선과 튜브가 그의 몸에 붙어 있었다. 오랜 세월에 걸쳐 족히 백 번도 넘게 만났지만 이번에는 여느 만남과 달랐다. 평소에는 내 질문에 대한 대답들이 굽이치며 늘 명징한 한 가지 대답으로 이어졌지만 오늘 우리는 거의 말이 없었다. 정신은 또렷하고 여전히 다정했지만 건강이 좋지 않은 것은 분명했다. 나는 찾아오길 잘했다는 생각이 들었다. 그를 만나기 전에 나는 보통 이야기할 주제에 대해 긴 편지를 보냈는데, 그날은 그의 곁에 있는 게 유일한 목적이었다.

나는 슬픔과 고마움이 뒤범벅된 마음을 품고
병원을 떠났다. 적어도 이 땅에서는
다시 만날 수 없으리라는 것이 거의 확실해서 슬펐고,
위대한 인물에게 큰 영향을 받았다는 데 감사했다.

30분쯤 지났을까. 그가 갑자기 대화를 끝냈다.

"여기서 해야 할 일을 마쳤으니, 이제 가봐."

드러커다운 말이었다. 그는 내가 찾아온 이유를 잘 알았다. 그는 마지막 만남과 대화를 선물로 건넨 후, 나를 보내주었다. 나는 솔직히 우리가 서로 무슨 말을 했는지 정확히 기억나지 않는다. 하지만 그것은 중요하지 않다. 사태를 정확히 파악하고 그 문제에 대해 거론하고 싶지 않은 두 친구의 20년 넘는 우정은 말로 요약할 수 없었다.

나는 슬픔과 고마움이 뒤범벅된 마음을 품고 병원을 떠났다. 적어도 이 땅에서는 다시 만날 수 없으리라는 것이 거의 확실해서 슬펐고, 위대한 인물에게 큰 영향을 받았다는 데 감사했다. 나는 주차장으로 걸어가 차를 운전해 공항으로 가서 비행기를 타고 아스펜으로 돌아왔다. 그리고 불가피한 소식을 기다렸지만 피터에 대한 또 다른 낭보가 들려와서 기뻐했다.

놀랍게도 그는 건강을 되찾았다. 몸은 많이 쇠약했지만 집으로 돌아갔다.

"나는 작가야"

시간을 돌려 2005년 9월 29일로 가보자. 나는 피터를 방문할 때면 늘 사람을 데리고 간다. 그를 만나면 틀림없이 얻는 게 있는데, 그것을 나 혼자 독차지하는 것은 이기적이라고 느꼈기 때문이다. 그날은 데릭 벨을 데리고 캘리포니아 주 클레어몬트 웰즐리에 있는 피터의 자택을 찾았다. 컨설턴트로 일하는 데릭은 매우 똑똑한 청년으로, 비상근직이지만 드러커연구소에서 리더십을 발휘하고 있었다. 우리에게는 중요한 의제가 있었다. 피터를 만나서 그의 발자취, 특히 그가 쓴 모든 작품에 대해 우리가 어떻게 도울지 이야기할 참이었다. 데릭은 출판 경력이 있었고, 나는 (피터에게서 전수받은) 사업 통찰력이 있었다. 우리는 피터의 생각과 글과 영향력을 차세대에 생생하게 전하고 싶었다.

데릭과 나는 검소하게 꾸며진 그의 거실로 들어갔다. 피터는 쇠약한 기색이 역력했다. 그의 아내 도리스는 피터가 종일 잠을 자기 때문에 우리가 오기 전에 물을 끼얹다시피 해서 깨워야 했다고 귀띔했다. 그리고 건강이 나빠진 이후, 내가 찾아오면 피터가 기운을 회복한다는 말도 해주었다.

　나는 습관처럼 피터의 탁자에 놓인 책들을 눈여겨보았다. 완벽을 추구한 이탈리아의 뛰어난 작곡가 주세페 베르디에게 영감을 받은 피터는, 배움에 게으르지 말고 더 높은 목표를 향해 계속 전진할 것을 나에게 가르쳤다. 피터는 3년마다 주제를 하나씩 정해서 무섭게 몰입했다. 3년이 지나면 주제를 바꾸었다. 그날 탁자에는 미생물학에 관한 책들이 있었다.

　피터는 좋아하는 의자에 앉은 채 우리를 따뜻이 환영했다. 나는 오른쪽에, 데릭은 왼쪽에 앉았고, 도리스는 남편을 마주보고 앉았다. 나는 우리가 찾아온 이유를 설명했다. 피터는 점잖게 내 말을 끝까지 경청했다. 그런 다음 내가 정확히 기억하는 네 문장으로 그의 유산에 관한 '논의'를 특유의 말투로 딱딱하게 끝맺었다.

　"나는 작가야. 내 유산은 내가 쓴 글이야. 나는 연구소를 만들지 않았어. 이제 무슨 이야기를 하고 싶나?"

　처음 세 문장은 그의 경력을 요약한 것이나 다름없다. 피터는 인류를 깊이 관찰했다. 2001년 11월, 《이코노미스트》는 아흔 살의 피터에게 '다음 사회'에 관한 27쪽의 특별 기고문을 부탁했다. 잡지는 딱 잘라 말했다. "내일은 당신의 생각보다 더 가까이 있다. 피터 드러커는 오늘과 달라질 내일과 무엇을 준비해야 하는지 설명한다." 그는 아름답고 명료한 글솜씨로 그는 평생 자신의 유산을 글로 남겼다.
그의 생각은 독창적이기 때문에
그가 쓴 책은 각주가 거의 없다.
그는 남들의 생각을 빌리지 않고도
모두를 위한 보물 같은 지혜를 남겼다.

본질을 꿰뚫었다. 그래서 학계가 그를 멀리한 것이다. 경영학
계에서 이름난 작가인 톰 피터스의 말마따나 "드러커는 사실
상 기존의 지적 체계를 따르지 않았다. 그들이 그의 용기를 싫
어한 것은 당연하다". 하지만 피터는 개의치 않았다. 그는 자
신의 이름이 붙은 건물이나 연구소에는 관심이 없었다.

　피터는 우리에게 "내 발자취에 대한 특별한 의논을 하고 싶
으냐? 그런데 그런 것은 없다"라고 말하는 듯했다. 그는 평생
자신의 유산을 글로 남겼다. 그의 생각은 독창적이기 때문에
그가 쓴 책은 각주가 거의 없다. 그는 남들의 생각을 빌리지
않고도 모두를 위한 보물 같은 지혜를 남겼다. 피터는 짓궂은
면이 있었다. 평소에는 그런 면을 잘 감추었지만 우리의 사업
제안을 능숙하게 거절하는 그의 얼굴에 엉큼한 웃음이 언뜻
비친 듯도 했다. 기운이 남았더라면 그는 내 옆구리를 쿡 찌

르면서 "그래, 여기는 무엇 때문에 왔나?"라고 말했을 것이다.

사실 피터는 직접 《하버드 비즈니스 리뷰》와 협상을 끝낸 터였다. 원출판사는 책이 품절되면 《하버드 비즈니스 리뷰》에 출판권을 넘겨야 했다. 예의 드러커다운 훌륭하고 소박한 거래였다. 데릭과 나는 조금 당황했지만 그의 명징한 선견지명에 다시 깊은 감동을 받았다.

하지만 피터는 짧은 대화를 나누고도 기력을 소진했다. 71년 동안 늘 남편의 건강에 힘쓴 도리스는 회의가 끝났다는 신호를 보냈다.

"여보! 낮잠 주무실 시간이에요."

(언젠가 저녁 식탁에서 나는 도리스에게 인생의 사명에 대해 물은 적이 있다. 도리스는 씩씩하게 말했다. "피터 드러커를 보호하는 일이지.")

아내의 부축을 받고 간신히 일어난 피터는 한 손은 보행 보조기를 잡고 한 손은 우리를 향해 내밀었다.

"밥, 다시 만나니 참 좋아. 벨 씨, 만나서 반가웠어요."

그는 발을 끌면서 도리스와 함께 침실로 들어갔다.

우리는 거실에서 도리스를 기다렸다. 나는 맞은편 벽에 걸린 피터가 좋아하는 일본 그림들을 보면서 이곳의 대문을 처음 두드린 날을 떠올렸다. 소박한 집의 실내는 여러모로 예전 그대로였다. 하지만 책으로만 알았던 그를 예사롭지 않게 처음 만난 이후 나는 이룬 것이 많았다.

피터를 잘 보살핀 후, 도리스는 우리를 현관까지 배웅했다. 그녀는 감상적인 사람이 아니었기에 나를 슬쩍 당기더니 직설적으로 말했다.

"이번에는 그이가 돌아오지 않을 거야."

나는 렌터카에 오르기 전에 캘리포니아의 따뜻한 햇볕을 맞으며 잠시 서 있었다. 소중한 추억이 돌아와 그의 집에 깃들었다. 인텔과 피앤지의 최고경영자들이 조언을 구하는 인물이 나를 고객으로 받아주리라 믿었던 젊은 날의 뻔뻔함에 절로 미소가 지어졌다. 내가 소개한 유별난 독불장군들과 어울리는 유럽 신사의 어색한 조합이 떠오르자 웃음이 새어 나올 뻔했다. 모든 게 여기서 시작되었다. 그리고 곧 끝이 다가오리란 것을 알았다. 하지만 끝나지 않을 것이다. 피터는 발자취의 문제를 이미 해결했다. 그는 늘 우리보다 한발 앞서 나갔다.

두 달 뒤 내 친구이자 스승인 피터 F. 드러커는 세상을 떠났다.

이것은 나머지 이야기다.

2.
사실 너머의
진실을 보라

"20세기에는 어느 때보다 카리스마 있는 리더들이 많았다. 20세기의 4대 강자 스탈린, 무솔리니, 히틀러, 마오쩌둥보다 더 큰 해악을 끼친 정치 지도자는 이제껏 없었다."

—피터 드러커

나는 피터를 꽤 잘 안다고 생각했는데 여기저기에서 부고를 읽다 보니, 그의 유년 시절에 대해 처음 듣는 부분도 있었다. 다른 이야기뿐 아니라 부고를 통해서도 분명히 느꼈듯이 그는 여러모로 적시에 적소에서 태어난 인물이었다.

1909년 비엔나는 전 세계에서는 아니더라도 적어도 유럽에서는 지성의 중심이었다. 피터의 부모 카롤린과 아돌프는 오스트리아-헝가리 이중 제국의 무역을 맡은 고위 공무원으로 당시 엘리트들과 손쉽게 교류했다. 비엔나 되블링의 조용한 거리 카스그라벤가세에 자리한 부모의 집은 유럽 살롱 사회의 전통이 깃들어 있었다. 한 주에 두세 번 부부가 주최하는 모임에는 고위공무원, 의사, 과학자, 음악가, 작가 들이 모였고, 대단히 폭넓은 주제를 놓고 토론을 벌였다. 피터는 그들의 이야기에 빠져들면서 진정한 박식가가 되었다.

피터의 부모 시대에는 '정신분석의 아버지'로 알려진 지그문트 프로이트가 있었다. 피터는 여덟 살 때 처음 프로이트를 만났는데 그날 오후 아버지께 이런 말을 들었다. "기억해. 오늘 너는 오스트리아, 아니 어쩌면 유럽에서 가장 중요한 사람을 만났어." 얄궂게도 피터는 '현대 경영학의 아버지'로 칭송받는 사람이 되었다. 관심도 없고 호감도 느끼지 못한 칭호였다.

피터는 열여덟 살에 오스트리아를 떠나 독일 프랑크푸르트 대학교에서 법학을 공부했다. 오스트리아에서는 유년 시절의 특별한 환경 덕분에 끊이지 않는 지적 호기심을 얻었다면, 독일에서는 자신의 아성을 쌓기 시작한 오스트리아 태생의 정치인 아돌프 히틀러 때문에 권력에 대한 끊이지 않는 의심이 자라났다.

그때가 1927년, 히틀러가 독일노동자당의 이름을 후일 나치당이라 칭한 민족사회주의독일노동당(NSDAP)으로 개명한 지 7년이 지난 해였다. 1919년 히틀러가 독일노동자당에 간첩을 보낸 이후 그는 사람을 휘어잡는 연설로 당과 더불어 부상하고 있었다. 1919년 당원이 겨우 25명이었던 NSDAP는 1920년이 되자 2,000명이 넘었다. 1921년 히틀러는 안톤 드렉슬러를 밀어내고 당수가 되었다. 몇 년 동안 히틀러는 독일 정부와 대립각을 세웠고 1년 동안 수감되기도 했다. 그는 감옥에서 《나의 투쟁》(동서문화사)을 썼다. 출옥 후 그는 조직적이고 폭력적인 캠페인을 벌여 마흔셋에 총리가 되었다.

히틀러가 베를린에서 첫 나치 모임을 열던 즈음에 피터는 프랑크푸르트에 도착했다. 피터는 증권회사에 수습직원으로 들어가 생활비를 벌었다. 세계 대공황이 닥치자 피터는 경각심을 가지고 히틀러 정권이 강해지는 모습을 관찰했다. 경제

히틀러가 베를린에서 첫 나치 모임을 열던 즈음에
피터는 프랑크푸르트에 도착했다.
피터는 카리스마 있는 이 '구원자'의 위험을 알아보았다.

적·사회적 혼돈에 빠진 나라의 불안을 자극해 강력한 중앙
집권제를 이루려는 카리스마 있는 이 '구원자'의 위험을 알아
본 것이다.

피터가 언론인으로서 재능을 보인 것도 이 시기였다. 그는
50만 구독자가 읽는 일간지 〈프랑크푸르터 게네랄안차이거〉
(*Frankfurter General-Anzeiger*)의 편집자가 되었다. 그는 외신과 경
제 분야를 담당했지만 프랑크푸르트에서 열리는 정치 집회
에 자주 참석해 도시를 방문한 히틀러를 취재하기도 했다. 여
러 동시대인들은 히틀러를 과격한 비주류 정치인쯤으로 여겼
지만 피터는 그를 가볍게 보지 않았다. 그리고 기반을 구축한
나치도 피터를 주시하기 시작했다. 1933년 피터는 독일의 훌
륭한 보수주의 철학자 프리드리히 율리우스 슈탈에 대한 소
책자를 출간했다. 나치는 불쾌한 기색을 감추지 않았고 그 책
을 공개적으로 불태웠다. 옳은 일이라면 조금도 물러설 줄 모
르는 성격을 미리 암시하듯, 4년 후 피터는 《독일의 유대인 문

제》(*Die Judenfrage in Deutchland*)라는 소책자를 다시 출간했다. 나치는 이 책에 대해서도 비슷한 반응을 보였다.

두 번째 저서의 판금 조치 직후 런던으로 건너간 피터는 1937년 미국으로 이주했다. 하지만 독일에서 보낸 짧은 기간은 그의 경영 사상에 지대한 영향을 끼쳤다. 후일 그가 말하듯 사회의 전 분야가 효과적으로 맞물려 작동하지 않으면 폭정은 반드시 그 틈을 비집고 들어오기 때문이다. 그는 이렇게 적었다. "책임과 자율로 높은 성과를 내는 조직을 만드는 일은 다원적 조직 사회에서 자유와 존엄을 지키는 유일한 길이다. 성과와 책임의 경영은 폭정을 대신할 대안이며 폭정을 막아내는 유일한 방법이다."

사람을 바꾸는 경영

피터를 '경영학'의 테두리에서만 생각하면 그가 사회를 위해 진짜 공헌한 것은 놓치게 된다. 피터는 남들이 자신에게 붙이는 호칭은 거부했다. 그는 무엇보다 자신을 작가로 여겼다. 학계에 몸담은 초기에는 비몬트에 있는 베닝턴 대학교에서 정치학과 철학을 가르쳤다. 몇 년 후 1943년 제너럴 모터스를 체계적으로 연구한 끝에 명저《기업의 개념》(21세기북스)을 출간했다. 뉴욕 대학교 경영대학원으로 자리를 옮긴 피터는 얼마

후 같은 오스트리아인 경제학자 조지프 슘페터의 말을 듣고 인생의 전기를 맞았다. "기념할 만한 작품과 이론을 남기는 것으로는 부족하다. 사람들의 삶을 바꾸지 못하면 아무것도 바꾸지 못한 것이다."

피터가 진짜 추구한 것은 변화다. 활동 분야는 기업 세계였어도 그는 늘 더 큰 그림을 마음에 담고 있었다. 그는 《매니지먼트》(청림출판)에서 이렇게 적었다. "어떤 조직도 홀로 존재할 수 없고 조직 자체는 목적이 될 수 없다. 모든 조직은 사회의 기관이며 사회를 위해 존재한다. 기업도 예외가 아니다. 자유 기업은 사업을 잘한다고 해서 정당할 수 없다. 사회에 이로울 때만 정당하다."

그는 경영학에 깊이 천착하는 것이 직업이었지만, 사회가 작동하기 위해서는 사회의 무척 중요한 조직으로 빠르게 등장하고 있는 기업들이 효과적이어야 하고 책임을 다해야 한다고 믿었다. 1930년대, 독일 조직들이 실패하자 사회를 고치겠다고 약속하는 카리스마 있는 리더가 나타났다. 피터는 경고했다. "백마 탄 기사를 조심하라." 그는 그러한 구원자들이 쇠퇴하는 사회에 끼치는 해악을 직접 목격했다. 그는 《새로운 현실》(The New Realities)에서 단언했다. "20세기에는 어느 때보다 카리스마 있는 리더들이 많았다. 20세기의 4대 강자 스탈린, 무솔리니, 히틀러, 마오쩌둥보다 더 큰 해악을 끼친 정치 지도

그는 경영학에 깊이 천착하는 것이 직업이었지만,
사회가 작동하기 위해서는 사회의 무척 중요한
조직으로 빠르게 등장하고 있는 기업들이
효과적이어야 하고 책임을 다해야 한다고 믿었다.

자는 이제껏 없었다."

피터에 따르면, 이런 파괴를 막는 최선의 길은 사람들을 돕되 자신의 유익뿐 아니라 남들의 유익을 위해서도 일하게 하는 것이다. 경영은 그가 그 일을 하기 위해 선택한 학문일 뿐이었다. 흥미롭게도 그의 최고 명저 《경영의 실제》(한국경제신문사)는 이름을 떨치기 위해 전략적으로 썼다기보다 필요해서 쓴 책이었다. 당시에는 재무나 인사 같은 기업 경영의 단면에 관한 책들이 많았다. 후일 드러커는 그런 책들에 대해 "해부학에 관한 책인데도 골격과 근육은 차치하고 팔에 대한 언급도 없이 팔꿈치 같은 인체의 한 부분에 대해 논하는 것 같았다"라고 회상했다. 《경영의 실제》는 모든 것을 아우르는 최초의 경영서였다. 이 책은 경영학의 토대가 되었고 피터는 교수, 작가, 컨설턴트로서 성공 가도에 올랐다.

뉴욕 대학교에서 21년을 지낸 후 피터는 캘리포니아 주로 건너가 클레어몬트 대학원에서 사회과학과 경영학을 가르쳤다. 그는 왕성한 집필 활동을 이어가고 여러 기업의 자문에 응했다. 그에게 자문을 청한 회사로는 제너럴 일렉트릭, 피앤지, 코카콜라 같은 대기업뿐 아니라 텍사스 주 타일러에 본부를 둔 작은 가족기업… 버포드 TV도 있었다.

3.
예측하지 못한
예비 된 만남

"드러커의 가장 큰 공헌은 한 가지 사상이 아니라 그
가 평생 이룬 모든 일 전체다. 거기에는 한 가지 크
나큰 이점이 있다. 거의 모든 것이 본질적으로 옳다
는 점이다. 그에게는 사회에서 일어날 일을 정확히
꿰뚫어보는 불가사의한 능력이 있었다."

―짐 콜린스

마지막으로 한 번 더 거울을 보고 서류 가방을 드니 《오즈의 마법사》에 나오는, 에메랄드 성으로 향하는 도로시와 양철 나무꾼 같은 기분이 들었다. 다만 피터 드러커는 커튼 뒤의 작은 남자가 아니라 실존 인물이었다. 사실 그는 상상을 초월하는 대단한 인물이었다.

나는 그리즈월드 호텔을 뒤로하고 걷기 시작했다. 스페인풍에 캘리포니아 스타일이 가미된 조잡하고 허름한 저층 호텔은 곳곳이 손볼 데였지만 경치 하나는 훌륭했다. 피터의 자택은 호텔에서 네 블록 떨어진 곳에 있었다. 따뜻한 날씨였지만 나는 특별한 만남을 위해 가장 좋은 모직 헤링본 가을 정장 차림에 페이즐리 문양 타이를 적당히 조여서 단정하게 맸다. 나는 마흔두 살이었다.

10년 전, 나는 젊은 나이에 가족기업 경영이라는 무거운 짐을 져야 했다. TV 방송국을 설립한 어머니는 호텔 화재로 세상을 떠났다. 밤사이 풍로에 불이 붙는 바람에 댈러스 페어몬트 호텔의 어머니 객실만 불탔다. 나는 대문에 서서 부보안관이 전하는 어머니의 부음을 들었다.

삼 형제의 맏이인 나는 그날로 가장이자 연장자가 되었다.

나는 방송 사업으로 부자가 되리라 마음먹었다. 미국인들의 TV 시청 열기는 큰 파도처럼 넘실댔고 방송국들은 호경기를 누렸다. 내 회사도 마찬가지였다.

시작은 미약했지만 내 목표는 공영방송국의 성장률을 추월하는 것이었다. 성과가 있었다. 어머니가 세상을 떠난 1971년부터 내 회사의 시장 가치는 12년 동안 해마다 25퍼센트 이상 성장했다. 젊은 최고경영자에게는 매우 짜릿한 세월이었다. 나는 얼마 전, 10년 동안 해마다 15퍼센트 이상 성장하는 회사는 전체의 1퍼센트에 불과하다는 글을 읽었다. 내겐 성공 의지가 확고했고 운도 따랐다. 이 이야기는 여기서 멈춰야겠다.

(지금보다 훨씬) 상쾌한 공기를 마시며 걷던 그날 아침, 나는 사람들이 왜 캘리포니아에 가서 사는지 알 수 있었다. 날씨는 영화처럼 아름다웠다. 더운 텍사스에서는 캘리포니아처럼 마당을 예쁘게 조경할 수 없었다. 캘리포니아의 마당과 정원에는 자부심이 느껴졌다. 내 마음은 기대와 열정으로 차올랐다.

지적인 소울메이트

나는 피터 드러커의 사상에 완전히 매료되었다. 젊고 순진한 경영자인 나는 손에 닿는 대로 책을 읽으며 항상 놀라운 성장

률을 유지할 방법을 찾았다. 책들은 변화를 안내하는 것보다 책을 파는 게 주목적이었다. 대부분 유행을 좇는 데 급급했다. (어비스의 로버트 타운센드가 누군지 아시는 분?) 수박 겉핥기식 유행어가 서점의 선반을 휩쓸었고 홀리데이인에서 열리는 세미나를 점령했다. 덧없는 말들. 오늘 있다 내일 사라지는 유행이었다. 마치 텍사스 대학교와 오클라호마 대학교의 미식축구 경기 전 축제에서 먹는 솜사탕 같았다. 나는 매년 10월이면 솜사탕을 꼭 먹는다. 시합은 신비로운 기운이 감돌고 오랜 추억으로 남지만 솜사탕은 내 입에서 곧 녹아버린다. 끈적이는 달콤함은 잠시뿐이다.

피터의 책은 달랐다. 천양지차로 달랐다. 그는 사회를 꿰뚫는 통찰로 홀로 우뚝했다. 나는 《하버드 비즈니스 리뷰》를 계속 구독했지만 피터 드러커의 글이 실리지 않을 때는 읽지 않았다.

피터의 지혜를 따르는 일은 인덱스펀드에 투자하는 것과 같았다. 그가 늘 옳은 것은 아니지만 시장에 대한 승률은 8할이었다.

원칙에 입각한 피터의 생각은 단단한 화강암 같았다. 그가 쓴 글의 관점은, 오늘 있다 내일 사라지는 개념으로 어지러운 숲에서 나를 이끄는 길잡이가 되어주었고 내 사업의 기틀이 되는 단단한 대들보가 되었다. 피터에게는 권위가 있었다. 진실한 지성이 존경스러웠다. 남들은 공식과 계산을 말할 때 그

그에게 돈은 기업이 성장하고
고객에게 봉사하는 데 꼭 필요한 것이었지
부를 축적하는 유일한 수단이 아니었다.
그가 직접 말한 적은 없지만 부에 대한
그의 관점은 돈의 유혹에 대해 경고하는
성경의 관점과 일치했다.

는 통찰과 관점, 맥락을 보여주었다. 더욱이 조직의 '인간미'를
강조하는 피터의 생각은 내 마음에 큰 울림을 주었다. 나는 도
덕적인 사람이었지만 도덕주의자는 아니었다. 관념을 배웠지
만 관념주의자는 아니었다.

나는 피터가 소울메이트처럼 느껴졌다. 그는 지적으로, 영
적으로, 실리적으로 내가 중요하게 여기는 모든 것을 두루 갖
춘 사람처럼 보였다. 이를테면 부와 돈에 대한 그의 생각은 예
나 지금이나 반문화적이었고 내 생각과도 일치했다.

그에게 돈은 기업이 성장하고 고객에 봉사하는 데 꼭 필
요한 것이었지 부를 축적하는 유일한 수단이 아니었다. 월 스
트리트를 점령하고 '1퍼센트'를 외치는 사람은 아직 아무도
없던 시대였어도 피터는 부를 위한 부를 불쾌하게 여겼다. 그

가 직접 말한 적은 없지만 부에 대한 그의 관점은 돈의 유혹에 대해 경고하는 성경의 관점과 일치했다.

나는 피터의 글을 통해 사람 사이의 중요한 원리를 이해하기 시작했다. 헤드라인을 장식하는 것들이 아니라 수 세기에 걸친 사물의 본질에 대한 지혜였다. 나는 그것을 시금석으로 삼았다. 경영서 베스트셀러 작가인 내 친구 짐 콜린스가《피터 드러커 경영 바이블》(청림출판) 서문에서 말한 그대로다.

드러커의 가장 큰 공헌은 한 가지 사상이 아니라 그가 평생 이룬 모든 일 전체다. 거기에는 한 가지 크나큰 이점이 있다. 거의 모든 것이 본질적으로 옳다는 점이다. 그에게는 사회에서 일어날 일을 정확히 꿰뚫어보는 불가사의한 능력이 있었다.

내가 발견한 것도 '정확히' 그것이었다. 지난 10년 동안 나는 피터의 말이라면 무엇이든 따랐다. 그의 글을 읽을수록 비할 데 없이 뛰어난 그의 지혜에 무릎을 쳤다. 그래서 나는 제너럴 모터스나 피앤지 같은 대기업이 아닌 중소기업을 경영하는 텍사스 주 소도시 출신의 마흔한 살 경영자가 했을 법한 일을 벌이고 말았다. 피터 같은 거물에게 '내' 사업을 도와달라고 요청하는 편지를 쓴 것이다.

그때는 피터 드러커에게 더 중요한 일이 있으리라는 생각은 전혀 하지 못했다. 어머니가 심어준 자신감이었다. 모험가인 데다 성공 의지가 강한 어머니는 나를 자신감 넘치는 아들로 키웠다. 내가 고등학생이었는데도 어머니는 어디에 가든지 나를 '세계 최고의 레프트 엔드'라고 소개했다. 사실 3학년 때 선발로 뛴 것은 맞지만 뛰어난 선수는 아니었다. 그래도 나는 그 말이 싫지 않았다. 어머니의 말은 나에게 확신과 영감을 주었다. 덕분에 피터에게 편지를 쓸 강심장도 생겼다.

패서디나의 화창한 아침, 피터 드러커의 '자택'으로 걸어가는 내가 어떤 기분이었을지 상상해보시라. 책을 통해 만난 피터는 거의 신적 존재였고(나중에 그는 그런 말을 하지 말라고 단단히 주의를 주었다) 그의 권위는 성경이나 다름없었다. 나는 영혼에 관한 일은 성경을 믿고 회사에 관한 일은 피터를 믿기로 했다. 이 두 가지는 나를 자유롭게 하는 중요한 원천이었다. 이 두 가지 척도는 신뢰할 수 있어서 도덕과 실천에 대해 고민할 필요가 없었다. 나는 원칙과 개념의 오류를 걱정하기보다 실행에 열중했다. 영적이고 초월적인 것과 현실적이고 일시적인 것을 기반과 경계로 삼아 성과를 내는 데 집중했다. 나는 이 두 가지가 언제나 조화를 이루고 일치하는 데 감탄했다.

나는 피터를 만나기 전에 공개 세미나에서 그의 강연을 들은 적이 있다. 모세 곁에 선 채 거룩한 땅에서 불타는 떨기나무를 넋을 잃고 바라보고 있는데 하늘에서 우레 같은 음성이 그의 권위는 성경이나 다름없었다.
나는 영혼에 관한 일은 성경을 믿고
회사에 관한 일은 피터를 믿기로 했다.
이 두 가지는 나를 자유롭게 하는 중요한 원천이었다.

들린다면 아마도 피터처럼 유럽인의 깊고 낭랑한 말투였을 것이라고 늘 상상했다. 피터를 만나기 전에 내가 알았던 그의 모습과 만난 후에 알게 된 그의 모습에는 마법 같은 게 있었다. 사람들은 그의 모습에 압도되어 완전히 몰입한다. 핀이 떨어지는 소리까지 들릴 정도로 사람들은 숨소리조차 내지 않는다. 우리를 사로잡은 것은 그의 웅변이 아니라 본질이었다.

소박한 성소

마침내 이 위대한 인물을 직접 만난다. 나는 흥분과 기대뿐 아니라 적잖은 두려움도 느꼈다. 그를 만난다는 게 꿈만 같았다. 그는 내 인생에 결정적인 영향을 준 사람이었다. 나는 만나서 컨설팅을 받고 싶다는 편지를 썼다. 신중하게 쓰고 고쳐 쓰기를 반복하며 아홉 번 만에 편지를 완성했다. 사실 답장을 기대

밥 버포드, 피터 드러커에게
인생 경영 수업을 받다

하지는 않았다. 그에게 나는 듣도 보도 못한 사적인 ('매우' 사적인) 작은 가족기업의 최고경영자였다. 나는 잭 웰치가 귀 기울이는 사람에게 조언을 구하는, 비교적 미숙한 청년이었다. 피터는 경영학 분야에서 영향력이 대단한 사상가로 전 세계에서 존경받는 인물이었다. 나는 대체 무슨 배짱으로, 그가 나를 집으로 초대하리라는 것은 차치하고 내 편지를 읽으리라고 생각한 것일까.

나는 그의 초대를 받고 깜짝 놀랐다. 그리고 그의 집을 보고 한 번 더 놀랐다. 번지수를 몰랐더라면 나는 길가의 평범한 집들 사이에서 그의 집을 지나쳤을 것이다. 차고 앞에는 일본 중형 승용차 두 대가 있었다. 그는 따로 마련한 사무실이 없었다. 근사하지만 사치스럽지 않은 교외의 단층집에 살면서 남는 침실을 사무실로 개조해 쓰고 있었다.

초인종을 눌렀다. 집 안에서 화재경보기 같은 소리가 들렸다(피터는 청력이 약했다). 잠시 후 안쪽에서 인기척이 들리며 누가 말했다. "나갑니다, 나갑니다." 작은 현관에서 옆을 보니, 벽에 붙은 소방차처럼 붉은색을 띤 큼직한 편지함에는 발송할 우편물이 가득했다. 대문이 열렸다. 피터는 악수를 청하고 "이서 오세요, 버포드 씨"라고 따뜻이 맞이하며 나를 실내로 안내했다. 친절한 유럽인 같다는 느낌이 강했다. '버포드 씨'라는 말은 실로 오랜만이었다. 몇 년 전 거래하는 은행의 부은행장이 전화를 걸어 인출이 초과되었으니 즉시 입금이 가능한지를 물어왔을 때 들은 이후로 처음이었다.

나는 성소로 들어갔다. 피터는 유리를 끼운 쪽마루를 지나 수영장이 보이는 집 안쪽으로 나를 안내했다. 나는 피터를 마주한 채 1950년대에 생산한 것으로 보이는 삐걱거리는 고리버들 의자에 앉았다. 우리 사이에는 탁자도 없었다. "환영합니다, 버포드 씨. 이야기를 시작할까요?" 첫 컨설팅 회의가 시작되었다.

기회를 허비하고 싶지 않은 마음이 간절한 나는 곧장 사업 이야기를 꺼냈다. 피터는 참을성 있게 경청하고 수없이 질문을 던지며 내 작은 가족기업에 진심으로 관심을 보였다. 내 마음은 어느새 편해졌다. 불안하지도 않고 못 올 곳에 왔다는 기분도 들지 않았다. 약속한 시간은 금세 지나갔다. 피터는 친절하게 대문까지 배웅하며 덕담을 건넸다.

호텔로 돌아가는 발걸음은 가벼웠다. 내가 무척 존경하는 인물을 만났다는 것보다 그가 내 회사에 관심을 기울인 사실에 아드레날린이 용솟음쳤다. 앞으로 23년 동안 계속될 우정이 싹텄음은 상상하지 못했다. 나는 꿈에 그리던 피터 드러커와 멋진 하루를 같이 보냈다고만 생각했다.

얄궂게도 회원제 방송으로 사업을 확장하려는 의욕이 넘친 나는, 그다음 만남에서 들은 피터의 조언으로 100만 달러의 손실을 보았다. 보통 때 같으면 손실을 끼친 컨설턴트를 다시 찾는 법이 없지만 나는 어서 속히 그를 만나고 싶은 마음뿐이 었다.

2부
핵심으로
접근하라

4.
특별한
수업의 시작

"보통 그는 요점에서 천년 정도는 거슬러 올라가서
한 바퀴를 크게 돈 후 정확히 요점에 도달한다. 그는
여러 분야의 예를 사용해 자신의 요점을 밝히고, 이
야기를 하나씩 쌓아 올려 대답을 완성한다. 그는 질
문자가 자신의 상황을 더 큰 맥락에서 보길 바란다."

—프레드 스미스

그 후 몇 년 동안 우리의 만남은 똑같은 과정을 반복했다. 피터는 약속한 날이 가까워지면 나에게 무엇이든 하고 싶은 이야기를 길게 써서 보내라고 주문한다. 그게 곧 우리가 의논할 주제였다. 나는 피터의 과제를 결코 가볍게 여기지 않았다. 나는 글이 마음에 들 때까지 내 생각과 아이디어를 직접 손으로 쓰고 고치기를 반복한 후 비서에게 원고를 넘긴다. 비서는 타자기로 편지를 입력한 뒤 올림포스 산으로 발송한다.

나는 타일러를 떠나 댈러스포트워스 국제공항의 동굴 같은 주차장에 차를 주차하고 순환버스에 올라 터미널에 도착한다. 비행기가 캘리포니아 주 온타리오 국제공항에 도착하면 차를 빌려서 20분 거리에 있는 그리즈월드 호텔에 투숙한다. 그러고는 네 블록을 걸어서 웰즐리 드라이브 636번지로 가서 우렁찬 초인종을 누른다. 나는 가는 길에 늘 셔우드 꽃가게에 들러 도리스에게 선물할 난 화분을 산다. 도리스는 난초로 작은 정원을 가꾸었다. 난을 선물하고 가꾸는 일은 우리의 의식 같은 것이 되었다.

피터는 마치 나를 만나길 학수고대하고 있었다는 느낌이 들

정도로 늘 다정하게 맞아주었다. 마치 내가 가장 중요한 고객인 것 같은 기분이 들었다. 만나는 사람마다 내 미식축구 실력을 자랑했던 어머니에게 느낀 감정을 그에게서 느꼈다. 어머니도 피터도 나를 진심으로 대했다. 내가 나를 믿는 것보다 더 나를 신뢰한 어머니처럼 피터는 나를 잭 웰치와도 같은 중요한 사람으로 대했고 아버지를 모르고 자란 나에게 여러모로 아버지의 역할을 해주었다.

컨설팅과 샌드위치

도리스는 늘 피터와 함께 대문에서 나를 맞이한 후 곧장 주방으로 들어간다. 피터는 내 아내 린다, 아들 로스의 안부를 다정하게 물은 뒤 단출한 거실로 가자고 손짓한다. 그가 결코 말한 적은 없지만 내 사업에만 관심을 두지 않은 것은, 그가 일관되게 가르친 대로 실천하는, 모범을 보여주는 행동이었다. 나는 그의 고객이었지만 그는 나를 고객으로 가르치고 돕기 전에 한 사람으로서 이해하고 알아가는 일부터 시작했다.

점심이 되면 도리스는 샌드위치를 대접한 뒤, 함께 먹으면서 이야기를 계속할 수 있도록 자리를 피한다. 버터를 조금 바른 빵 사이에 고기를 넣어 만든 도리스의 샌드위치는 언제나 맛이 일품이다. 간단하지만 늘 충분했다. 게다가 피터 드러커의 조언을 들으면서 부인의 샌드위치까지 먹을 수 있는 컨설팅 회의를 누가 상상이나 할 수 있을까.

우리는 간간이 샌드위치 대신 포모나에서 가까운 릴로스 식당에서 점심을 먹기도 했다. 피터가 간발의 차이로 목숨을 건진 사고가 있었기 때문에 끔찍한 추억이 깃든 식당이기도 하다. 나는 사석에서도 피터에게 배운 게 많다. 그는 두 가지 일은 동시에 할 수 없다고 가르쳤다. 그는 '멀티태스킹'을 믿지 않았다. 위기일발의 사고는 그의 신념을 뒷받침했는데, 나는 그 후로 곧장 그의 신념을 따랐다.

나는 운전을 하면서도 식당으로 가는 내내 피터와의 대화에 열중했다. 어찌나 열중했는지 앞에서 달려오는 차를 보지 못하고 좌회전을 하고 말았다. 전방에서 오던 운전자가 급정거를 할 겨를도 없었다. 사고를 직감한 피터가 고함을 쳤다. 나는 화들짝 놀라서 액셀을 힘껏 밟았다. 주변을 살필 틈도 없이 식당 주차장으로 들어간 우리는 간발의 차이로 충돌을 피했다.

피터는 아무 말도 하지 않았다. 나는 운전석에 앉아서 '만약'을 생각하며 벌벌 떨었다. 그가 고함을 치지 않았더라면, 내가 액셀을 밟지 않았더라면, 그 운전자는 전속력으로 내 렌터카의 조수석을 들이받았을 테고 내 잘못으로 지상에서 가장 똑똑한 지성인은 죽음을 맞이했을 것이다. 나는 불구가 되었을 테고 피터는 즉사했을 것이다.

다행히 그는 멀쩡했고 우리의 만남도 탈 없이 계속 이어졌다. 우리는 1년에 한 번씩 만났는데 처음 몇 년 동안은 사업에 관해서만 이야기했다. 나는 불만이 없었다. 나는 우정을 바랄 처지가 아니었고 성공하겠다는 생각뿐이었다. 피터 드러커를 몇 번 만나면 틀림없이 사업을 더욱 성장시킬 방법을 찾으리라 믿었다. 나는 피터가 잔재주를 부리는 사람은 아니란 점을 금세 느꼈다. 그는 부를 늘리는 계산에는 관심이 없었다. 그는 분명히 내 사업의 성공을 바랐지만 큰돈을 받는 이름난 컨설턴트가 하듯 재무제표를 분석하거나 전략 기획 같은 일에 매달리지 않았다. 피터는 이야기를 들려주었다. 그의 이야기를 들으면 기업 경영의 자잘한 일들을 떠나 성품과 미래상, 책임 같은 더 넓은 지평이 보였다.

질문 안에 숨어 있는 질문

초기에 그는 나를 만날 때면 좋아하는 고리버들 의자에 앉아서 내가 보낸 편지를 꺼내 기억을 되살릴 요량으로 편지를 잠시 훑어본 후 강한 오스트리아 억양으로 천천히 이야기를 시작했다. 그는 내가 편지에서 강조한 물음이나 주제를 먼저 꺼내지만 곧 주제를 벗어나 앨리스의 토끼 굴을 지나듯 전혀 무관한 이야기를 하고, 내가 그 이야기를 알아들을쯤 다시 다른

나는 우정을 바랄 처지가 아니었고
성공하겠다는 생각뿐이었다.
피터 드러커를 몇 번 만나면 틀림없이
사업을 더욱 성장시킬 방법을 찾으리라 믿었다.

이야기로 빠진다. 그러고는 다시 다른 이야기를 한두 가지 더 하다가 처음 질문으로 돌아간다. 그제야 나는 모든 것을 이해한다. 대답은 길고 복잡하지만 그는 어떤 이야기를 해야 하는지, 무엇보다 왜 그 이야기를 해야 하는지 알고 있었다. 그의 박식함은 혀를 내두를 정도였고, 그것은 내가 평생 역사와 문학을 공부하는 계기가 되었다.

내 친구 프레드 스미스는 피터가 질문에 대답하는 방식을 이렇게 설명했다. "보통 그는 요점에서 천년 정도는 거슬러 올라가서 한 바퀴를 크게 돈 후 정확히 요점에 도달한다. 그는 여러 분야의 예를 사용해 자신의 요점을 밝히고, 이야기를 하나씩 쌓아 올려 대답을 완성한다. 그는 질문자가 자신의 상황을 더 큰 맥락에서 보길 바란다."

언젠가 피터에게 리더십에 대해 물었다. 그는 자신에게 자문을 구한 모든 대기업을 두루 설명하며 간간이 최고경영자의 리더십 스타일에 대한 일화나 좌초한 리더의 실패 원인에 대해 이야기했다. 그러고는 혼잣말처럼 방송 산업의 차별성과 좋게든 나쁘게든 문화를 바꾸는 방송의 영향력에 대해 이야기한 뒤 깜짝 놀랄 말로 대답을 마쳤다. "밥, 자네는 마음만 먹으면 NBC의 최고경영자도 될 수 있어."

나는 록펠러센터(NBC 본사)에 있는 내 모습을 잠깐 상상한 뒤 피터의 말뜻은 그것이 아님을 깨달았다. 그가 45분가량 설명한 '요점'은 가족기업을 성공적으로 이끌기 위해서는 용기가 필요하다는 것이었다. 그는 내 질문 안에 숨어 있는 질문, 곧 작은 연못에서 노는 큰 물고기의 보이지 않는 불안을 간파했다. 나는 빠르게 성장하는 기업을 이끌 자격이 충분할까?

그게 피터의 방식이었다. 처음에는 그가 내 질문을 제대로 이해하지 못한 것은 아닌지 의심스럽지만 그의 대답을 다 들으면 질문한 것보다 더 많은 것을 깨닫는다. 서로 무관하게 보인 사실들이 연결되고, 결론에 이르면 그는 내가 몰랐던 문제의 핵심을 짚으면서 내가 그런 질문을 하게 된 이유를 보여준다.

아울러 피터는 무척 단도직입적으로 말하기도 했다. 한번은 피터가 나에게 회사의 목표가 아닌 개인의 목표를 세워보라고 제안했다. 그래서 나는 여섯 가지 목표를 정해서 그다음 모임에 가지고 갔다. 피터 교수의 과제는 어김없이 한다는 것을 보여주고 싶은 나는 내 목표를 발표했다. 돈을 얼마만큼 벌

처음에는 그가 내 질문을 제대로 이해하지 못한 것은
아닌지 의심스럽지만 그의 대답을 다 들으면
질문한 것보다 더 많은 것을 깨닫는다.
서로 무관하게 보인 사실들이 연결되고,
결론에 이르면 그는 내가 몰랐던 문제의 핵심을
짚으면서 내가 그런 질문을 하게 된 이유를 보여준다.

기, 아내 린다와 화목하게 지내기, 하나님과 사람들을 섬기기,
문화적·지적 소양 기르기, 아들 로스에게 자부심을 심어주기.
그때 피터는 갑자기 내 말허리를 잘랐다.

"남의 목표를 대신 정할 수는 없어!" 권위가 있는 어른의 음
성이었다. "자네는 자네의 목표만 세우는 거야. 자네가 로스를
어떻게 대하겠다는 목표는 정할 수 있어. 하지만 로스의 목표
는 로스만 세울 수 있어. 자네도 그 누구도 로스의 목표를 대
신 정할 수는 없어."

물론 백번 옳은 말이었다. 아마도 좋은 뜻으로 자녀에게 자
신의 목표를 강요하는 부모들이 자주 느끼는 실망과 불안에
서 나를 보호하기 위해 그랬을 것이다. 내 의도는 고결하고 현
실적이었다. 로스는 가업을 이을 후계자가 될 외아들이었다.

나는 아버지로서 아들이 잘되기만을 바랐다. 어느 부모가 그렇지 않겠나. 나는 또한 가족기업의 경영자로서 회사를 유능한 사람에게 맡기고 싶었다. 로스는 전도유망한 아들이지만 피터가 마음을 써서 지적한 대로 자신의 길을 스스로 선택해야 했다.

하나를 잃고 하나를 얻고

로스는 회사를 경영할 능력이 출중할 뿐 아니라 아버지보다 훨씬 더 크게 성공할 재목임을 여실히 보여주었다. 텍사스크리스천 대학교 졸업 후 덴버로 간 로스는 투자은행에 취직했다. 1986년 첫해에 로스는 15만 달러를 벌었고 이듬해에는 수입이 50만 달러로 치솟았다. 나에게 가장 중요한 것은 로스가 금전적 성공에 마음을 두지 않고 늘 남을 생각하는 좋은 사람이라는 사실이었다. 그는 기쁨과 모험이 가득한 생을 사랑했다. 우리 부부는 고마운 마음으로 그의 성장을 지켜보았다. 이상하게 보일지도 모르지만 분명히 나에게 로스는 위대한 영웅이었다.

1987년 1월 3일 저녁, 로스가 두 친구와 함께 텍사스 남부의 리오그란데 강을 횡단하다가 실종되었다는 소식을 동생에게 전화로 들었다. 나는 그들이 마지막으로 목격되었다는 장소로 날아가 영웅을 구하기 위해 백방으로 노력했다. 비행기,

헬기, 보트, 수색견 등 돈으로 살 수 있는 것은 총동원했다. 하지만 다음 날 오후 3시, 나는 한 구조대원의 눈을 보면서 이 땅에서는 로스를 다시 만날 수 없다는 것을 알았다.

첫 저서 《하프타임》(국제제자훈련원)에서 썼듯이 이 사고는 꿈으로도 계획으로도 돈으로도 극복할 수 없는 일이었다. 극복할 길은 '믿음'밖에 없었다. 시련의 때에 사람들의 위로를 받아들이는 것 외에는 달리 방법이 없었다.

로스가 죽었다는 게 분명해지자 나는 린다와 함께 있기 위해 타일러로 돌아갔다. 피터는 누구보다 먼저 나를 위로했다. 로스의 비극적인 죽음에 대해 알게 된 피터는 내게 전화를 걸었다. 나는 의자에 앉아 전화를 받았다. 뉘엿뉘엿 저무는 한겨울의 태양은 나를 덮친 슬픔처럼 그림자를 길게 드리웠다. 우리는 몇 분 동안 무척 애틋하고 애잔하며 지극히 개인적인 대화를 나누었다. 그는 본인 자식을 잃은 양 로스의 죽음을 애도했다. 그러고는 내 마음을 아는 듯이 솔직하게 말했다.

"우리가 이런 대화를 진즉 나누지 못한 게 유감스럽지 않나?"

나는 피터에게 이제 막 배우고 있었지만, 경영학에서 피터의 최대 관심사는 비즈니스 자체가 아니라 비즈니스가 섬기고 공급하고 영향을 주는 사람들임을 알 수 있었다. 고객 대 컨설턴트인 우리 사이에서 나는 처음으로 깨달았다. 피터는 나

나는 피터를 사람들이 떠받드는
'경영학의 아버지'가 아닌 '인간'으로
느끼기 시작했다.

를 야심 찬 청년 기업가로 아끼는 것 못지않게 인간적으로도
아꼈다.

　나는 피터를 사람들이 떠받드는 '경영학의 아버지'가 아닌
'인간'으로 느끼기 시작했다. 물론 평범한 사람은 아니었다.

5.
인간에 대한 관심이
첫출발이다

"경영서들은 기능과 전략에 대해 말하지. 회사를 성
공적으로 경영하는 기법 말일세. 소설은 인간에 대
해 가르치네. 인간이 어떻게 생각하고, 어떻게 행동
하고, 인간에게 무엇이 중요한지 말일세. 나는 사업
보다 사람에게 관심이 더 많아."

—피터 드러커

피터는 여러모로 범상치 않은 인물이었다. 그는 내가 아는 사람 중에 가장 집중력이 뛰어났다. 엄청난 분량의 희곡을 쓰는 데 전념한 셰익스피어와 음악에 집중한 모차르트에 비견할 만했다. 피터는 작가였다. 그는 작가로서 본분을 다하기 위해 굉장한 노력을 기울였다. 2005년 아흔다섯 살로 별세한 피터는 죽기 전까지도 그다음 작품을 쓰고 있었다. 성공의 유혹이나 시간의 압박에도 그는 글을 쓰는 데 집중했다.

그는 아내 도리스와 자녀들 다음으로 일을 사랑했다. 저서 39권과 세계 최고의 잡지에 기고한 수많은 기사와 에세이가 취미 생활의 결과물이랄 수는 없다. 그는 한눈파는 게 불가능한 사람이었다. 그는 스포츠에 무관심했다. TV 앞에 앉는 법이 없었다. 골프는 치지 않았다. 지위나 상을 좇지 않았고 거기에 감동하지 않았다. 하지만 여느 중역처럼 일중독에 빠진 것은 아니다. 그에게 자문을 구한 여러 산업의 수장들과는 달리 피터는 만족할 줄 모르는 탐욕으로 성공(과 부수적인 특전)을 좇지 않았다. 인세 수입으로도 더 큰 집을 구하고 부자들처럼 누리며 살 수 있었지만 그는 부족한 줄 몰랐다. 일터에서 가까운 집과 사랑하는 일을 할 수 있는 직업이면 충분했다. 피터의 정신적 지평은 무한했다. 그가 사용하는 예는 모든 시대와 대륙을 망라했다.

고무 버섯 사건

피터는 '휴가'도 허투루 보내지 않았다. 해마다 여름이면 피터와 도리스는 쉴 새 없이 떠드는 손자손녀들 사이에 끼어 큰 책 박스를 챙겨 로키 산맥으로 떠났다. 그들은 에스티스파크에 가서 소박한 통나무집을 구해 지냈다. 그들이 산을 찾은 것은 도리스가 등산을 좋아했기 때문이다. 피터는 그다지 산을 좋아하지 않았다. 그래서 도리스가 등산을 즐기는 동안 피터는 통나무집에 남아 독서를 즐겼다. 그는 책 박스를 다시 끌고 집으로 오는 게 싫어서 책을 다 읽으면 다른 사람에게 주거나 기부했다.

피터가 일만 하고 놀 줄 모르는 사람은 아니었다. 그는 웃음을 좋아했다. 도리스가 짓궂게 놀릴 때도 신나게 웃었다. 어느 해 에스티스파크에서 휴가를 보낼 때였다. 피터는 무슨 이유에서인지 버섯에 대해 연구하고 싶었다. 물론 대학교 교재 두어 권을 읽는 데 만족할 성격이 아니었다. 연구다운 연구를 하려면 시골길을 다니면서 다양한 버섯을 양껏 채집한 뒤 통나무집으로 돌아가 더 깊이 관찰해야 했다.

피터는 내가 아는 어느 누구보다 멋진 인생을 살았다.
맛있는 음식을 먹고 좋은 집에서 살면서
여가를 즐겨서가 아니라
정확히 자신이 좋아하는 일을 했기 때문이다.

어느 날 도리스는 같이 버섯 채집에 나서기로 했다. 도리스
는 마을에 가서 가게를 샅샅이 뒤져 식용버섯같이 생긴 고무
버섯을 하나 구했다. 그러고는 통나무집으로 신나게 돌아와
차를 주차한 뒤 남편이 날마다 버섯을 찾느라 자주 가는 길로
갔다. 도리스는 눈에 띄는 장소를 골라 고무 버섯을 '심어'두
었다.

아니나 다를까. 이튿날 피터는 귀중한 전리품을 흔들며 숲
속에서 부리나케 돌아왔다. 도리스는 최선을 다해 장단을 맞
춰주었지만 칼을 들고 고무 버섯을 자르려고 끙끙대는 피터
의 모습에 결국 참고 있던 웃음을 터뜨리고 말았다. 기발한 속
임수에 넘어간 것을 알아차린 피터는 도리스와 함께 껄껄 웃
었다. 결혼 이후 해마다 4월 1일 만우절이면, 도리스는 피터의
잠옷 바지를 실로 꿰매고 피터는 늘 깜짝 놀라는 시늉을 한다.
똑같이 반복되는 아내의 장난에 피터는 큰 웃음을 보낸다.

피터는 내가 아는 어느 누구보다 멋진 인생을 살았다. 맛있는 음식을 먹고 좋은 집에서 살면서 여가를 즐겨서가 아니라 정확히 자신이 좋아하는 일을 했기 때문이다. 우리는 그것 하나만이라도 본받아야 한다. 즐거운 일을 하고 공익에 기여할 수 있다면 누구라도 행복할 것이다.

피터는 200~300년에 한 번 태어날 만한 독창적이고 유일무이한 사상가였다. 지나치게 미화하는 것처럼 들리겠지만, 나는 경영학에서 피터의 위치는 문학에서 셰익스피어의 위치나 다름없다고 본다. 그는 인간의 본성뿐 아니라 사람들이 서로, 그리고 상황과 어떻게 상호작용하는지를 집요하게 관찰하고 자신이 관찰한 것을 기록했다. 그의 책은 이른바 경영학자들 사이에서 각주가 없는 것으로 유명하다. 그는 학계의 문헌들을 높이 평가하지 않았다. 한번은 미국에서 가장 권위 있는 학술저널을 가리켜 "읽고 싶은 글을 쓸 줄 모르는 사람들이 쓴 글"이라고 말하기도 했다. 그가 거의 말한 적은 없지만 그를 교수나 강사로 초빙하지 않는 대학들과 경영대학원들은 그를 계속 냉대했다. 그는 학계의 철저한 무시에 속상해했으나 화를 내지는 않았다. 평생 자신의 분야에서 굵직한 업적을 쌓았고, 적어도 두 세대에 걸쳐 공공, 민간, 비영리 부문 최고 경영자들과 기업가들에게 영향을 주었으니, 억울한 일은 없는 셈이다.

타자기와 우표

피터의 왕성한 저술 활동에서 내가 가장 놀란 점은, 그가 컴퓨터를 사용하지 않고도 초고를 거의 완벽하게 쓴다는 것이었다. 그는 오래된 브라더 타자기를 두들겨 초고를 쓴 뒤 편집자에게 넘기고 편집자는 그의 글을 거의 그대로 인쇄소에 넘긴다. 한번은 릴로스에서 점심을 먹는데, 그가 그날 아침에 쓴 《월 스트리트 저널》에 보낼 글을 수정했다. 그는 점심을 먹으면서 손으로 한 번 다듬은 글을 뉴욕으로 보냈다.

그는 글만 쓴 게 아니라 클레어몬트 대학원에서 MBA 학생들을 가르치고 《포춘》 500대 기업을 상대로 컨설팅을 하고 전 세계에서 찾는 인기 강사로 바쁘게 강연을 했다. 그런데도 내가 아는 한, 그는 집에 있는 작은 사무실 외에 다른 사무실이 없었다. 나는 그가 '재택근무'라는 말을 쓰는 것을 한 번도 들은 적이 없지만 그는 재택근무 운동의 선구자였다. 그는 자기가 쓴 글이나 학생들에게 줄 과제의 사본이 필요하면 가까운 킨코스(지금은 페덱스 오피스)에 가서 직접 복사하고 돈을 지불했다.

나는 피터 드러커가 직접 열다섯 장 정도 복사를 하고 뒷주머니에서 지갑을 꺼내 점원에게 돈을 주는 것은 상상조차 할 수 없었다. 그래서 하루는 내가 복사기를 사주겠다고 말했다.

피터를 자기 분야밖에 모르는 고지식한 사람이나

문화적 편견이 강한 사람으로 오해할 분도 있겠지만

전혀 그렇지 않다. 그는 집중력과 근면,

왕성한 호기심으로 자신이 선택한 전문 분야의

경계를 자유롭게 넘나들었다.

"밥, 나는 복사기가 없어도 돼."

"그럼 팩스는 어떻습니까?"

"그것도 필요 없어."

나는 피터가 《하버드 비즈니스 리뷰》 같은 곳에 기사를 보낼 때, 종이를 정확하게 접어 타자기로 주소를 일일이 찍은 봉투에 넣은 다음 우표에 침을 묻혀 봉투에 붙이는 것을 알았기 때문에 그런 일을 도와줄 비서를 구해주겠다는 말도 했다. 내가 방문할 때마다 대문 옆에 있는 커다란 우편함에는 늘 발송할 편지가 넘쳤다. 아무래도 '허드렛일'을 대신해줄 사람이 있으면 더 효율적일 것 같았다. 그는 내 청을 모두 거절했다.

물론 유럽인의 절약정신도 한몫을 했겠지만 내가 가까이에서 지켜보니 피터는 자신에게 가장 좋은 게 무엇인지 정확히 알고 있는 사람이었다. 그의 자의식은 불가사의할 정도였다.

그는 사람의 노동 효율을 높이는 기술의 진가를 무시하지 않았다. 하지만 시대의 관습이 자신의 일하는 방식을 방해하고 간섭하는 것을 허락하지도 않았다. 그가 생산해내는 일을 보면 그의 방식이 틀렸다고 누가 말할 수 있겠나. 첨단 무선 장비를 이용하고 방대한 비서진과 연구진을 갖추고도 질과 양에서 피터의 업적을 따라갈 수 없는 작가와 리더가 많다.

피터를 자기 분야밖에 모르는 고지식한 사람이나 문화적 편견이 강한 사람으로 오해할 분도 있겠지만 전혀 그렇지 않다. 그는 집중력과 근면, 왕성한 호기심으로 자신이 선택한 전문 분야의 경계를 자유롭게 넘나들었다. 피터가 현대 경영학을 창안했을지는 모르지만 경영학 샌님은 전혀 아니었다.

경영은 인간의 활동

처음에 피터의 자택에서 내가 눈여겨본 것은 책장에 꽂힌 책들이었다. 소설이 대부분이었고 간혹 역사서가 보였다. 셰익스피어, 디킨스, 토크빌의 책들은 있는데 '경영서'들은 보이지 않았다. 서너 번 방문한 뒤였을까. 나는 궁금증을 참기 어려워 물었다.

"선생님, 경영학과 관련된 책들이 많을 줄 알았는데 소설책을 많이 읽으시나 봐요."

그는 특유의 권위 있는 대답을 하기 전에 잠시 묘한 미소를 지었다. 피터는 글을 쓸 때와 마찬가지로 간결하고 명쾌하게 말했다. "경영서들은 기능과 전략에 대해 말하지. 회사를 성공적으로 경영하는 기법 말일세. 소설은 인간에 대해 가르치네. 인간이 어떻게 생각하고, 어떻게 행동하고, 인간에게 무엇이 중요한지 말일세. 나는 사업보다 사람에게 관심이 더 많아."

나는 이것이 피터의 본질이란 것을 알게 되었다. 그는 늘 경영학을 가리켜 회사를 경영하는 수단이나 절차보다 '인간의 활동'이라고 말했다. 그가 즐겨 한 말이 있다. 온전한 사회를 이루는, 따라서 그가 있었던 유럽이 전체주의 사회가 되지 않는 유일한 길은, 사회의 모든 구성단위가 자신의 몫을 해내는 것이다. 이런 조직을 제대로 움직이는 게 경영학이다. 교향악단을 움직이는 것도, 군대를 움직이는 것도, 학교를 움직이는 것도, 방송국을 움직이는 것도 경영학이다. 피터는, 전무한 경영학의 언어와 골격을 마련하는 데 평생을 바쳤다.

허다한 비즈니스 '전문가'들 사이에서 피터가 군계일학인 것은 그 때문이다. 나는 피터와 함께 책을 쓰고 그를 잘 알았던 나의 좋은 친구 조지프 마시아리엘로를 통해서 피터가 1930년대에 경제학자 존 메이너드 케인스의 연속 세미나에 참석했다는 것을 알게 되었다. 내가 피터에게 케인스가 어땠는지 묻자 예의 명쾌한 답변이 돌아왔다. "케인스는 상품의 움직임, 특히 돈에 관심이 많았어. 나는 언제나 인간의 행동에 관심이 많았지. 나는 케인스의 세미나를 들으면서 내가 돈에 관심이 없다는 것을 알았어. 내 인생의 중요한 전기였지."

인간의 행동에 대한 관심은 때로 재미있는 결과를 낳기도 한다. 피터는 일본을 방문했을 때 현지 문화를 체험해보고 싶어서 수백 년 전통의 특별한 다도 모임에 참석했다. 장소는 교토, 다도를 가르치는 사람은 센 선생이었다. 실내는 간소했지만 아름답고 완벽했다. 매끄러운 돌로 장식한 다다미 마루에 자개로 아로새긴 작은 칠기 탁자가 있었다. 탁자 뒤로 화려한 기모노를 입은 센 선생이 무릎을 꿇고 앉아 있었다. 피터는 센 선생을 마주 보고 무릎을 꿇고 앉아 45분 동안 넋을 잃은 채 평화롭고도 거의 신비에 가까운 다도를 관찰했다. 마침내 센 선생은 300년 된 용기에 정성스럽게 끓인 차를 부었고, 피터는 격식을 차리고 말없이 차를 마셨다.

그가 잔을 탁자에 내려놓자 센 선생은 고개를 숙여 절을 하고 피터에게 차를 더 마시고 싶으냐고 물었다. 피터는 그 질문이 다도의 절차였고 늘 공손히 거절해야 한다는 것을 몰랐다. 피터는 차를 맛있게 마신 터라 센 선생과 더 이야기를 나누고 싶은 마음에 차를 한 잔 더 마시고 싶다고 대답했다. 결국 일본 전통 차의 대가는 45분 동안 다시 차를 끓일 수밖에 없었다.

피터는 나에게 그 이야기를 할 때마다 자신의 실수에 폭소

남들은 피터를 일컬어
'생존하는 위대한 미래학자'라고 불렀지만
그는 수정 구슬로 점을 치는 데는 관심이 없었다.
그는 이런 말을 했다.
"미래를 예측할 수 있는 사람은 없다.
우리가 할 수 있는 일은 창밖을 살피며
지금 벌어지는 일의 가능성을 보는 것이다."

를 터뜨렸다. 하지만 그게 피터의 본성이었다. 무엇이 사람을 움직이고, 무엇 때문에 움직이는지, 그는 늘 사람이 궁금했다. 그는 때로 자신은 '사회생태학자'라고 말했다. 남들은 피터를 일컬어 '생존하는 위대한 미래학자'라고 불렀지만 그는 수정 구슬로 점을 치는 데는 관심이 없었다. 그는 이런 말을 했다. "미래를 예측할 수 있는 사람은 없다. 우리가 할 수 있는 일은 창밖을 살피며 지금 벌어지는 일의 가능성을 보는 것이다."

　피터는 이런 통찰로 대부분이 보지 못하는 것을 꿰뚫어볼 수 있었다. 같은 분야의 여러 사람들은 시장조사라는 찻잎으로 점을 칠 때, 피터는 역사, 인구 통계, 그리고 무엇보다 인간을 폭넓게 연구했다. 피터는 사람들의 행동을 관찰하여 미국이 산업 경제에서 지식 경제로 이동하리란 것을 정확히 예측했다. 이것은 역사상 가장 극단적인 사회 변동이었다. 그는 그러한 변화를 읽어낸 똑같은 자리에서 정보 경제의 탄생뿐 아니라 중국, 인도, 남미 같은 새로운 '초강대국'의 등장까지도 예견했다.

스티브 포브스가 《월 스트리트 저널》에 썼듯이 "거의 항상 적중하는 피터 드러커의 예측 능력은 불가사의하다". 나는 피터의 책을 탐독하며 배운 게 많다고 생각했는데, 해마다 그를 만날 때는 내가 마치 박사후연구원이 된 기분이 들었다.

피터는 '볼 수 있는 눈과 들을 수 있는 귀'가 있었고, 수백 년 동안 축적된 인간의 행동을 기억하고 이야기할 수 있는 비길 데 없는 기억력을 소유하고 있었다. 피터를 만나면, 이렇게 분명한 사실을 왜 여태껏 몰랐을까 싶은 것을 꼭 배웠다.

6.
중요한 것을
놓치지 않는 연습

"피터는 기업뿐 아니라 자본주의 자체에 대해서도
심각하게 의혹을 품기 시작했다. 그는 더 이상 기
업이 공동체를 만드는 이상적인 공간이 아니라고
보았다. 사실 그는 그 반대라고 여겼다. 기업은 그
가 오래도록 지지한 평등주의보다 이기주의가 득
세하는 곳이었다."

―존 번

나는 마약을 해본 적이 없고 마약과 관련된 용어들을 정확하게, 자신 있게 말할 수 있는 처지도 아니다. 하지만 마약 효과를 극대화하기 위해 주사로 마약을 정맥에 직접 투여하는 '정맥 주사'라는 말은 알고 있다. 나에게도 정맥 주사에 비교할 만큼 큰 영향을 준 세 가지가 있다. 곧 아내, 성경, 피터 드러커다.

나는 아내 린다에게 많은 것을 의지하는데, 린다의 깊은 공감 능력은 빼놓을 수 없는 요소다. 나는 물질이 풍부하기 때문에 미국 소시민의 평범한 도전과 희망, 꿈을 쉽게 간과한다. 린다는 내가 경솔하지 않도록 도와준다. 나는 아내의 말을 잘 듣는다. 아내의 도움으로 나는 처지가 다른 사람들을 이해하고, 그 과정에서 아내는 내가 바보 같은 짓을 하지 않게 나를 보호한다. 이를테면 때로 잠시 자존심이 상하기도 하지만 나는 내 이름으로 나가는 글은 항상 아내의 확인과 승인을 받는다. 한번은 멋진 프랑스 외래어 하나를 포함한 글을 쓰고 득의양양하고 있는데, 남들이 아는 것은 고사하고 나야말로 그 뜻을 제대로 아느냐는 아내의 질책만 들었다.

성경은 내가 성인이 된 후 평생 믿을 수 있는 도덕적 나침

나는 어느 게 내 생각이고 어느 게 피터의 생각인지
구분하는 일을 오래전에 그만두었다.
내가 떠올린 정말 좋은 아이디어는
대부분 그 기원이 피터에게 있다고 하는 것이
공정하고 정확할 듯싶다.

반이었고, 인류와 더불어 여행하시는 하나님의 이야기에서 내역할에 대한 깨달음을 주었다. 또한 단순한 생존 이상으로 인생에 필요한 소망을 주었다. 덴마크 철학자 쇠렌 키르케고르의 말마따나 "절망을 피하는 유일한 길은 하나님의 때에 시간과 영원이 하나가 된다는 것, 삶과 죽음은 모두 의미가 있다는 것을 믿는 것이다".

마지막으로 피터. 나는 그를 만나기 전부터 그가 쓴 글을 한 자도 빼놓지 않고 읽었고, 그의 글은 곧 내 몸의 일부가 되었다. 그리고 20년이 넘게 우리의 만남은 해마다 깊어지고 넓어지면서 나는 어느 게 내 생각이고 어느 게 피터의 생각인지 구분하는 일을 오래전에 그만두었다. 내가 떠올린 정말 좋은 아이디어는 대부분 그 기원이 피터에게 있다고 하는 것이 공정하고 정확할 듯싶다.

이를테면 가족기업의 최고경영자로 일한 초기에 나는 우리가 직면한 다양한 문제를 해결하기 위해서는 팀을 만들어야 한다고 강조했다. 나는 회사의 주인이었고 자애로운 군주처럼 회사를 경영할 수도 있었지만, 재능 있는 사람들에게 많이 의지했다. 나는 모든 일에 능통할 만큼 똑똑한 사람이 아니란 것을 본능적으로 알았던 듯하다. 그런데 그 무렵 나는 피터의 글에 심취해 있었고 피터가 쓴 글을 떠올렸을 것이다. "모든 일은 팀이 해야 한다. 개인은 모든 일을 해낼 기질과 기술이 없다. 팀의 목적은 강점을 생산적이게 하고 약점을 무관하게 만드는 것이다." 지금까지 나는 새로운 일을 할 때면 꼭 먼저 팀부터 만들었다.

앞에서 나는 피터의 조언에 힘입어 큰 사업을 시작했지만 결국 100만 달러를 잃은 적이 있다고 말했다. 피터도 사람이고, 내가 돈은 잃어도 결코 그에 대한 신뢰는 잃지 않았다는 점을 강조하려고 한 말이다. 실은 피터의 가르침 덕분에 더 큰 손실을 피했다고 말하는 게 더 정확하다.

여기는 더 이상 캔자스가 아니다

내가 경영하는 버포드 TV는 내 고향 텍사스 주 타일러, 그리고 아칸소 주 포트스미스, 사우스다코타 주 수폴스 같은 중소

도시에서 번창했다. 우리는 일반적인 고객 서비스에 기술을 혁신적으로 접목해서 성공을 거두었다. 이를테면 회사의 모든 직원은 작은 대학에 다녔고 소도시에서 살았는데, 그 덕분에 그들은 회사의 고객을 이해할 수 있었다. 대도시에서는 선출직 공무원들이 지역 케이블방송을 관리했다. 우리가 사업하는 소도시에서 케이블방송을 관리하는 사람은 동네 이웃이었다. 슈퍼볼 경기가 있는 날 옆집에서 방송이 잡히지 않는 것은 매우 현실적인 문제다. 고객에게 봉사하는 것뿐 아니라 고객의 특별한 필요를 알아내는 게 중요하다는 것을 우리는 일찍부터 알았다(이것도 드러커의 금언이다).

우리는 또한 최초로 콜센터를 만들어 능률적인 방식으로 설치 및 수리 기사를 보냈다. 기사들은 재택근무를 하면서 컴퓨터로 작업 지시를 확인했다. 그들은 위성과 연결된 컴퓨터를 통해 작업 장소를 확인하고 작업 동선을 효율적으로 관리했다. 설치나 수리 같은 작업을 마친 기사가 트럭으로 돌아가 컴퓨터에 정보를 입력하면, 정보가 고객 청구서에 즉시 기록된다. 지금은 이것이 표준 작업 절차이지만 20년 전에는 최첨단 절차였고 회사가 번창한 이유였다.

사업이 순항하고 빠르게 성장했지만 나는 기업의 성장이 저절로 이루어지는 게 아니란 것쯤은 알고 있었다. 그래서 항상 기회를 모색했다. 그 시절에 회사를 대리하는 변호사가 워싱

턴에 있었다. ABC 방송사도 대리했던 그는 나에게 뉴욕과 시카고, LA같이 케이블방송이 없는 더 큰 시장을 겨냥해 단일 채널 지상파 스포츠와 영화 서비스를 공급하는 회원제 방송 사업을 적극 추천했다. 그해 나는 피터를 만난 자리에서 내 아이디어를 소개했다. 그는 긍정적으로 받아들였다. 대도시 변호사와 피터 드러커가 성공을 예상한 사업에 관심을 두지 않을 사람은 없다. 그래서 회원제 방송에 진출할 기회가 왔을 때 나는 경험보다 열정만 믿고 뛰어들었다. 하지만 곧장 내가 잘못된 결정을 내린 것을 직감했다.

나는 정돈된 마을에 케이블을 설치하기 위해 지방 자치단체를 만나는 게 아니라 시카고 핸콕 빌딩 같은 마천루 꼭대기에 있는 값비싼 안테나를 임대하기 위해 협상해야 했다. 텍사스주의 익숙한 지형에 케이블을 설치하는 게 아니라 위성중계기 사용료를 계산해야 하는 전혀 새로운 궤도에 올라야 했다. 내가 타일러에 있는 윌로브룩컨트리클럽에 나타나면 나를 모르는 사람이 없었다. 내가 시카고 오헤어 공항에 내리면 양복 차림에 수표책과 서류가방을 든 사람들 틈에 묻혔다. 회원제 방송은 투자 비용이 만만치 않았다. 직원들 월급과 구입할 값비싼 장비의 목록은 빠르게 불어났다. 《오즈의 마법사》에서 도로시가 한 말을 따라 해보자면 나는 더 이상 타일러에 있지 않았다.

피터는 경영에 대해 말할 때면 자주 교향악단 지휘자를 은유로 빗대었다. 지휘자는 오보에 연주자에게 바이올린 연주를 맡기는 법이 없다. 그 반대도 마찬가지다. 지휘자의 역할은 교향악단이 지휘봉에 맞춰 훌륭한 음악을 연주하게끔 실력 있는 연주자에게 자기 악기를 다루도록 맡기는 것이다.

버릴 것은 계획적으로 버려야 한다는 것을 내가 피터에게 배우지 않았더라면 내 이야기는 여기서 끝났을 것이다. 암 진단을 받았다면 선택지를 놓고 오랫동안 고민하면 안 된다. 되도록 빨리 암을 제거하는 게 상책이다. 피터를 만나면 처음에 흔히 듣는 말이 있었다. "자네가 '하지 않는' 일에 대해 말해보게." 곧 당신이 시도하는 모든 일이 성공하는 것은 아니기 때문에 하지 않기로 결정한 일은 무엇이냐는 뜻이다. 성과를 낼 수 있는 일에 더욱 집중하기 위해서 그만둔 일이 무엇이냐는 뜻이기도 하다. 나는 회원제 방송 사업이 난항을 겪는다는 이야기를 꺼냈다. 내가 해야 할 일을 알고 있었는데, 그의 판단을 듣고 생각을 굳혔다. 나는 구매자를 찾아서 사업을 넘겼다. 손실은 100만 달러였지만 내가 내린 최고의 결정이었다.

내 회사를 산 새 주인의 3년 후 연차보고서에 나타난 손실은
7,200만 달러였다.

잠재력이 아니라 성과

한번은 피터를 만나는 날 회사 중역 한 사람을 데리고 갔다.
나는 비교적 신임인 그에게 피터의 지혜와 가르침을 접할 기
회를 주고 싶었다. 피터는 한결같이 너그러웠고 그를 편하게
대했다. 우리는 곧장 내가 미리 보낸 긴 편지를 보면서 대화를
시작했다. 우리는 유쾌한 하루를 보냈다. 동료도 지상 최고의
스승에게 가르침을 받는 즐거움을 톡톡히 누리는 표정이었다.
   며칠 뒤 나는 상의할 일이 있어 피터에게 전화를 걸었다. 짧
은 대화를 마친 후 궁금증이 들어 피터에게 그날 만난 중역이
좋은 사람 같았는지 물었다.
   "무엇에 좋단 말인가?" 그는 특유의 직설적인 말투로 짧게
물은 뒤 한 가지 개념에 대해 설명했다. 그날 이후 나는 그 개
념을 인사 문제에 적용했다.
   "사람은 잠재력이 아니라 성과에 초점을 맞춰야 해. 그들이
미래의 어느 시점에 할 수 있을 일이 아니라 그들이 할 수 있
는 일, 그들의 강점에 집중하라는 말일세. 그들이 할 수 없는
일은 다른 사람의 몫이야."

90

피터는 경영에 대해 말할 때면 자주 교향악단 지휘자를 은유로 빗대었다. 지휘자는 오보에 연주자에게 바이올린 연주를 맡기는 법이 없다. 그 반대도 마찬가지다. 지휘자의 역할은 교향악단이 지휘봉에 맞춰 훌륭한 음악을 연주하게끔 실력 있는 연주자에게 자기 악기를 다루도록 맡기는 것이다.

영리든 비영리든, 내가 한 모든 사업은 교향악단에 비유하면 지속적인 혁신과 기업가적 에너지가 필요한, 빠르게 성장하는 연주와 같았다. 나는 크고 유명한 조직의 유능한 관리자를 몇 번 채용했지만 결과는 늘 좋지 않았다. 특수부대에서 활동하는 것과 육군본부에서 일하는 것의 차이리라.

피터는 나에게 오보에 연주자를 절대로 바이올린 연주자로 바꾸려 하지 말라고 가르쳤다. 또한 사람들의 약점에 대해 불평하지 말고, 늘 그들의 강점을 파악하고 그 강점이 더욱 발전할 수 있는 분야로 이끌라고 가르쳤다.

고객의 유익을 놓치면 그날로 죽는다

피터의 가장 중요한 가르침 덕분에 고객과 컨설턴트로 만난 우리는 필연적으로 파트너 관계가 되었다. 곧 고객의 유익이 아니라 내부자의 유익을 위해 경영하기 시작하면 조직은 그날로 죽음의 길에 들어선다는 그의 신념이었다. 1980년대 중후

내가 피터에게 배운 가장 중요한 가르침은
고객의 유익이 아니라 내부자의 유익을 위해
경영하기 시작하면 조직은 그날로
죽음의 길에 들어선다는 그의 신념이었다.

반이었을 것이다. 나는 그가 오랜 시간 컨설팅을 한 주식회사
미국(corporate America)에 대한 그의 생각에 변화가 생겼음을 느
꼈다. 그는 자신이 꿈꾸던 온전하고 질서 있게 작동하는 사회
를 기업들이 만들고 있지 않은 점을 의심했다.

존 번은 《비즈니스위크》에, 미국이 경제 호황을 맞은 시기
에 "피터는 기업뿐 아니라 자본주의 자체에 대해서도 심각하
게 의혹을 품기 시작했다. 그는 더 이상 기업이 공동체를 만드
는 이상적인 공간이 아니라고 보았다. 사실 그는 그 반대라고
여겼다. 기업은 그가 오래도록 지지한 평등주의보다 이기주의
가 득세하는 곳이었다"라고 썼다.

피터는 대기업들이 막대한 이윤을 쌓아두는 것을 경멸했다.
이윤에 반대해서가 아니라, 그런 기업들이 노동자는 수천 명
씩 내쫓으면서 이사들은 거액의 연봉을 챙겨서다. 그는 《대변
화 시대의 경영》(청림출판)에서 "적어도 투자된 자본과 똑같은

이윤을 내지 못하는 기업은 사회적으로 무책임하다"라고 적었다. 하지만 또한 "고수익 마진만 좇는 회사는 피해를 보기 십상이다. 망하지 않으면 다행이다"라고 믿었다(온라인 강좌 "다섯 가지 치명적인 비즈니스 대죄" 중에서). 호응은 없었지만 그는 최고경영자의 연봉은 일반 사원이 받는 연봉의 20배가 넘어서면 안 된다고 주장했다. 자본을 높이는 것은 기업의 목적, 곧 고객을 위한 가치를 높이기 위해서이지, 중역실의 다섯 사람을 위한 가치를 높이기 위해서가 아니라고 보았다.

그의 날카로운 비판에 움찔한 것은 기업만이 아니었다. 피터는 점점 정부도 고객인 국민의 이익이 아니라 내부자의 이익을 우선하는 조직으로 보았다. 그는 사회 부문에 대한 생각을 사적으로 정리한 글에서 이렇게 적었다. "50~60년 전에는 정부가 약속을 지켰다. 지금은 식언을 밥 먹듯 한다. 이 나라뿐 아니라 다른 나라들도 마찬가지다. 의도는 모두 좋다. 그래서 우리도 세금을 낸다. 제2차 세계대전 이후에 이룬 가장 큰 업적은 사회 부문이다. 미국은 물론 전 세계에서 강조해야 하는 것이 사회 부문이다. 나는 사회 부문의 가능성을 무척 낙관한다."

오늘날 식물에 비유되는 국회의 어이없는 행태는, 마땅히 섬겨야 할 고객의 이익이 아니라 자신의 이익을 추구하는 조직은 언제나 무능하다는 피터의 분석에 꼭 들어맞는 사례.

피터가 기업과 정부를 흔들어 깨우는 일침을 만사가 불만스러워 투덜대는 심술궂은 일흔 살 노인의 투정으로 치부하기가 쉬웠을 것이다. 하지만 피터는 결코 인습을 따르는 법이 없었다. 그는 늘 세상의 변화와 가능성에 대한 희망을 버리지 않았다. 게다가 그는 여전히 앞날이 창창했다. 그에게 은퇴란 없었다. 기업과 정부가 책임을 방기한다면 그는 다른 대안을 찾을 것이다.

그리고 피터 덕분에 내 사전에서 은퇴라는 말은 영원히 사라졌다.

밥 버포드, 피터 드러커에게
인생 경영 수업을 받다

3부
변화의 기회를
놓치지 마라

7.
세상을 바꾸는
전략적 가치

"나는 인간으로 사는 것보다 사장과 최고경영자로
사는 것을 더 중요하게 여겼다."

—밥 버포드

피터가 차츰 주식회사 미국에 환멸을 느끼던 무렵, 나는 영혼 깊숙한 곳에서 속삭이는 조용한 음성을 듣기 시작했다. "네가 받은 모든 것으로 너는 무엇을 할 생각이냐?" 나는 받은 게 많았다.

회사는 해마다 25퍼센트를 웃도는 경이적인 속도로 성장하고 있었다. 나는 직원들 평균 연봉의 20배가 넘지 않게 연봉을 책정하라는 피터의 가르침을 늘 따랐는데도 수입은 내 목표치를 상회했다. 린다와 나는 평일에는 댈러스의 근사한 펜트하우스에서 지냈고 주말은 타일러의 30만 평 농장에서 보냈다. 내 차는 캐딜락이었고 아내 차는 재규어였다. 우리는 가고 싶은 곳은 전 세계 어디든 갈 수 있었고 또한 갔다.

결혼 생활은 탄탄했고 매우 만족스러웠다. 나는 성공한 여러 사업가들이 빠지는 중독 같은 것도 없었다. 좋은 일이 있으면 넉넉히 베풀고, 주일학교에서 교사로 봉사하기도 했다. 내 앞길은 분명하고 매력적이었다. 후계자를 기르고, 마침내 돈을 벌고 풍족하게 살았다. 더할 나위 없이 좋은 시절이었다.

하지만 속삭이는 음성은 그치지 않았다. 나는 일을 중심으로 살고 있는 게 아닐까? 내가 사는 진짜 목적은 무엇일까? 내 운명은? 모든 것을 가진다는 게 진짜 무슨 뜻일까? 만사가 술술 풀리면 나는 어떻게 살게 될까?

"사장님이 무섭습니다"

그 후 나는 나를 움찔하게 만든 뜻밖의 일을 만났다. 팔꿈치로 쿡 찔리는 느낌, 아니 철썩 얻어맞는 기분이었다. 이대로 있으면 안 되겠다는 경각심이 들었다.

내가 맹렬한 기세로 일을 하고 있는데 열다섯 살 정도 나이가 더 많은 비서가 공연한 말을 꺼냈다. 처음에는 달갑게 들리지 않았다. 나는 돈을 벌기 위해 전국을 비행기로 다니며 일하고 있었는데, 이 용감한 비서는 나에게서 무언가 석연치 않은 점을 본 것이다.

"사장님, 저는 사장님을 보면 무섭습니다." 그녀는 조심스럽게 말했다. 사장에게 할 소리는 아니라는 것을 아는 표정이었다. "사장님이 누구보다 높은 성과를 내고 돈을 많이 버는데 골몰하느라 소중한 것들을 잃어버리시지는 않을까 걱정이 됩니다."

출막행(CLM). 회사에서는 때로 이런 행동을 '출셋길을 막는 행동'(career limiting move)이라고 부른다. 솔직히 처음에는 비서의 말이 듣기 싫었다. 하지만 나는 피터에게 배운 두 가지 가

하지만 속삭이는 음성은 그치지 않았다.

나는 일을 중심으로 살고 있는 게 아닐까?

내가 사는 진짜 목적은 무엇일까? 내 운명은?

모든 것을 가진다는 게 진짜 무슨 뜻일까?

르침을 그 순간에 겸허하게 실천하고 싶은 마음이 생겼다. 첫째, 리더는 자신을 따르는 사람들에게 관심을 가져야 한다. 둘째, 리더는 질문으로 문제를 해결한다. 그래서 나는 비서의 비판에 관심을 두고 나 자신에게 두 가지 물음을 던졌다. 그녀의 말이 옳은가? 그렇다면 나는 어떻게 해야 하는가?

사람이 자기기만에 쉽게 빠지긴 하지만 첫 번째 물음은 대답하기가 쉬웠다. 비서는 나에 대해 아는 게 나보다 많았다. 조금 거칠긴 했어도 그녀의 용기 덕분에 내 눈에서 비늘이 떨어졌다. 나는 인간으로 사는 것보다 사장과 최고경영자로 사는 것을 더 중요하게 여겼다.

그럭저럭 괜찮은 인생

그것을 고치기 위해 내가 해야 할 일을 결정하는 것은 쉽지 않았다. 나는 중년의 위기가 온 것도 아니고 불치병에 걸려서 영혼을 돌아보는 것도 아니었다. 합법적이든 불법적이든 무언가에 중독된 것도 아니었다. 게다가 내가 존경하는 사람들과 함께 일했다. 10년 전에 인생의 목표를 적어둔 게 있는데 모든 일이 순조롭게 진행되었다. 솔직히 나는 내 인생이 마음에 들었다.

하지만 내가 개인 생활과 회사에서 이룬 모든 성공에도 불구하고 나는 더 좋은 무언가를 놓치고 있다는 느낌을 떨쳐버릴 수 없었다.

그 무언가는 물질적 성공을 초월해 양보할 수 없는 핵심 가치와 일치하는 사명이나 꿈에 자신을 투자하는 것, 곧 의미다. 나는 굳센 믿음과 교회에 대한 헌신 때문에 신학교를 졸업하고 교회 사역을 해야 한다는 생각이 들어 처음에는 솔직히 두려웠다. 내가 아는 바 사역이란 지난 25년 동안 내가 살아온 현실과 대척점에 있었다. 나는 곧 신학교에서 공부하거나 기독교 비영리 단체에 이력서를 돌리겠다는 생각을 버렸지만, 인생의 극적인 변화를 끊임없이 권하는 음성은 도무지 무시할 수 없었다.

나는 사업을 하면서 새로운 도전이나 기회를 만나면 전략부터 세운다. 전략은 목적지에 이르는 로드맵을 보여줄 뿐 아니라 성과를 측정하는 척도 역할도 한다. 나는 '나'를 위한 전

내가 개인 생활과 회사에서 이룬
모든 성공에도 불구하고
나는 더 좋은 무언가를 놓치고 있다는 느낌을
떨쳐버릴 수 없었다.

략이 필요했다! 나는 전략을 세우기 위해 똑똑하고 깐깐한 전략 코치를 고용했다. 그는 신앙인은 아니었지만 한동안 수많은 질문을 던진 후 내가 지극히 중요하게 여기는 두 가지를 찾아냈다. 곧 돈과 하나님이었다. 그리고는 내가 어느 한 가지를 선택하기 전에는 전략을 세울 수 없다고 딱 잘라 말했다. 그는 내가 어느 것을 선택해도 좋지만 어디에 충성을 할지 결정하기 전에는 내가 찾는 인생의 방향을 정할 수 없을 것이라고 말했다. 내가 결정을 내리자, 그는 내가 누리던 성공을 떠나 내가 갈망하는 의미를 찾을 수 있도록 곁에서 도왔다.

나는 이 과정을 첫 저서 《하프타임》에서 자세히 설명했지만 내가 결국 무엇을 선택했는지는 여기서 알려주겠다. 나는 하나님을 선택했다. 결정을 내린 뒤 우리는 계획을 세웠다. 나는 내 시간의 20퍼센트는 사업에 쓰고 80퍼센트는 하나님께 바치기로 했다. 하지만 그게 정확히 무슨 뜻일까? 내 시간, 재능, 돈을 하나님과 같이 쓴다는 게 과연 어떤 것일까? 하나님을 섬기는 일에 시간과 돈을 바치겠다는 성공한 그리스도인 사업가를 쌍수를 들고 환영할 기독교 사역과 조직은 수두룩했다. 하지만 피터의 가르침대로 가장 효과적인 성과를 내려면 "건강하고 튼튼한 기반에" 세워야 한다. 곧 나에게 의미 있는 일, 내가 죽은 뒤에도 오랫동안 번창하고 성장하고 변화를 일으키는 일을 정말로 하고 싶다면 빠르게 성장하고 고수익을 거둘 수 있는 곳에 투자해야 한다.

이것은 여느 자선사업에 대한 직관과는 확연히 어긋난다. 통념에 따르면 나는 도시 빈민촌에서 어렵게 사역하는 단체를 골라 돈을 한 움큼 전달해서 그 단체를 구해야 하지만, 피터는 통념을 뒤집었다. 나도 피터처럼 목표가 작으면 결과도 작다고 믿었듯이 피터도 나처럼 구원자 행세를 하는 것은 구미가 당기긴 해도 적잖이 자기중심적이라고 생각했을 것이다.

나는 잠재력이 큰 건실한 TV 방송국과 케이블 회사를 인수해서 회사의 성장을 일구었다. 의미 면에서도 그렇게 접근하는 게 옳게 보였다. 피터는 또한 기성 체제와 싸우느라 시간을 낭비하지 말라고 경고했다. 그는 "평생 비탈길 위로 바위를 굴리려고 애쓰지 말고 자네가 하고 싶은 일을 받아들이는 사람을 찾아"라고 충고했다.

그는 또한 상황에 따라 변하는 작은 일에 허둥대지 말라고 말했다. 정확히는 "힘을 찔끔찔끔 허비하지 말라"라고 했다. 자선가들은 대부분 그렇게 한다. 여기 조금 기부하고 저기 조금 기부하는 식이다. 연말에 한 해를 돌아보면 자선 파티에 많이 참석한 것 외에는 자랑할 게 없다. 나는 목요일이면 일부러 도시를 떠난다. 댈러스에서 자선 파티는 모두 목요일과 토요일 밤 사이에 열리기 때문이다. 피터가 하지 말라고 경고한 일들이 많기 때문에 자리를 피하는 게 상책이다.

자선은 성과가 아니다

나는 신앙 활동에 더욱 헌신할 길을 찾던 중에 어떤 신학교에서 진행하는 사역의 고문으로 일하게 되었다. 나는 오랫동안 숙고해온 한 가지 사업을 제안하기 위해 회의에 참석했다. 물론 자금도 내가 후원할 생각이었다. 제안은 거절되었지만 한 위원회가 심층 조사를 맡았다. 이 사업이 신학교의 관료주의를 통과하려면 몇 년은 더 걸릴 것이 분명했다. 피터에게 그 일에 대해 이야기하자 그는 "성과를 낼 수 있는 곳에 힘을 쓰게"라고 말했다. 그는 현명하게도 내가 신학교 일에서 손을 떼게 만들었다. "그들은 필요한 일이 무엇인지 진짜 알고 싶어 하지 않는 것 같아"서였다.

피터는 자잘한 혜택보다는 획기적인 변화를 일으킬 수 있는

피터는 자잘한 혜택보다는 획기적인 변화를
일으킬 수 있는 일을 찾으라고 용기를 북돋았다.
그는 "자선은 성과가 아니야. 사람들이 변하는 게
제대로 된 성과지!"라고 자주 일깨웠다.

일을 찾으라고 용기를 북돋았다. 그는 "자선은 성과가 아니야.
사람들이 변하는 게 제대로 된 성과지!"라고 자주 일깨웠다.

　마지막으로 피터는 "곧 시작할 수 있는 일을 찾아보라"며
다독였다. 핵심은 타이밍이다. 확장이 가능한 일에 내 노력을
쏟으면 노력은 배가될 것이다. 하지만 그는 다음과 같은 조언
을 빼놓지 않았다. 나를 깊이 관찰했다는 것과 내가 원하는 일
을 결국 찾게 되리라는 낙관주의가 돋보이는 충고였다.

　자네에게는 두 가지 신념이 있어. 하나는 내세를 믿는 종교적인
신념이고 또 하나는 인간의 실존과 관련된 실존적 신념이야. 자네
는 지성과 재산, 학위보다 자네가 하나님의 자녀라는 것이 더 중
요하다고 믿어. 우리는 자네가 할 일을 찾을 거야. 자네는 자네가
할 일을 찾을 거야.

모두 훌륭한 조언이지만 신앙 공동체에서 내가 할 일과 좋은 기회는 어디에 있을까? 바람을 일으키면 들불로 번질 수 있는 작은 불씨 같은 새로운 변화의 일은 무엇일까?

나는 절친한 친구 프레드 스미스에게 도움을 청했다. 그는 시카고 서쪽 교외에 자리한, 뛰어나고 성공적인 기독교 잡지사를 경영하는 두 신사를 소개해주었다. 크리스채너티투데이는 유명한 복음전도자 빌리 그레이엄 박사가 창간한 동명의 주력 잡지 《크리스채너티투데이》를 발판으로 성장했다. 해롤드 마이러와 폴 로빈스가 각각 최고경영자와 최고재무책임자로 취임했을 때 크리스채너티투데이는 여느 기독교 잡지사처럼 재정 상태가 열악했다. 비용은 치솟는데 광고료와 구독료 수입은 많지 않아서 외부 지원에 의존할 수밖에 없었다.

두 사람 덕분에 크리스채너티투데이의 재정 상태는 빠르게 정상화되었고, 여섯 가지 전문 잡지까지 출간하게 되었다. 모든 잡지가 제 역할을 톡톡히 해내자 회사의 재무 구조는 튼튼해졌다. 그 과정에서 해롤드와 폴은 탄탄한 복음주의 운동을 이끄는 진짜 리더와 혁신가를 알아보는 불가사의한 안목을 길렀다. 시간과 재능, 자본을 투자해서 세상에 항구적인 변화를 일으킬 적당한 일을 찾는 나에게 두 사람보다 더 좋은 사람이 있을까?

나는 일리노이 주 캐롤스트림에 위치한 단출한 본사 건물에서 그들을 만나 내 여생과 재산 대부분을 세상에 큰 영향을 끼칠 수 있는 기독교 사업에 쓰고 싶다는 열망을 전했다. 나는 내 이름이 들어간 건물을 바라거나 무슨 단체에 거금을 쾌척하고 싶은 것은 아니라는 점도 분명히 했다. 나는 돈만 기부하고 싶은 게 아니라 내 회사를 경영하듯 열정과 시간, 전문 지식도 아낌없이 베풀고 싶다고 설명했다.

두 사람은 내 말을 황당하게 받아들이는 표정은 아니었다. 설령 그랬다면 의심을 능숙하게 감춘 셈이다. 세상을 뒤엎는 일을 돕고 싶다는 내 말을 끝까지 경청한 두 사람은 많지는 않지만 서서히 늘어나고 있는, 전통적인 목사와는 사뭇 다른 여러 목사와 사역 리더들에 대해 이야기했다. 두 사람은 그들이 주로 혁신과 레이저 광선 같은 집중력으로 현대 문화를 수용해 역동적인 대형교회를 세운 기업가적 리더들이라고 설명했다. 이런 목사 대다수는 이웃을 집으로 초대해 성경 공부를 하면서 교회를 개척했고, 결국 현대적 음악과 실용적이고 감동적인 '가르침'이 특징인 주말 예배에 수천 명이 모이는 매력적인 '캠퍼스'를 지었다. 성공한 사업가 출신의 몇몇 목사들은 리더십과 경영 재능을 활용해 무척 인상적인 교회를 만들었다. 전통적인 교회를 매우 효과적이고 총체적인 사역 센터로 탈바꿈시킨 목사들도 있었다. 그들이 지닌 공통점은 '종교'에 정을 붙이지 못하고 교회에 관심이 없던 사람들을 설득하는 능력이었다.

나는 '기업가'라는 말이 목사에게
어울린다고 한 번도 생각해보지 않았지만
생각할수록 제법 그럴듯했다.
하나님이 세상을 바꾸는 전략으로 생각하신 것이
교회라면, 가장 전문적이고 효과적인 방법을
쓰지 못할 이유가 없지 않은가?

    해롤드와 폴은 이런 파격적인 목사들이 외따로 떨어져 있고 소속 교단이나 다른 교회들의 비판을 자주 받는다고 우려했다. 어쩌면 그들이 함께 연합하고 서로 재능과 사례를 나누고 용기를 북돋는 일을 내가 할 수 있을 것 같았다.

    마음에 쏙 드는 생각이었다. 나는 '기업가'라는 말이 목사에게 어울린다고 한 번도 생각해보지 않았지만 생각할수록 제법 그럴듯했다. 하나님이 세상을 바꾸는 전략으로 생각하신 것이 교회라면, 가장 전문적이고 효과적인 방법을 쓰지 못할 이유가 없지 않은가? 게다가 내가 믿듯이 모든 지식이 하나님의 것이라면 우리가 때로 말로만 복음이라고 하는 것을 더 많은 사람들에게 전하기 위해 전략 기획, 경영 원리, 소비자 조사, 커뮤니케이션 같은 '지식'을 활용하지 못할 이유도 없지 않은가?

밥 버포드, 피터 드러커에게
인생 경영 수업을 받다

나는 댈러스로 돌아오는 비행기에서 두 가지 확신이 들었다. 첫째, 나는 새로운 소명을 찾았다. 둘째, 나는 무엇을 해야 할지 몰랐다. 내가 그 목사들이 누군지 모르는 것처럼 분명 그들도 내가 누군지 몰랐을 것이다. 나는 평생 교회에 다녔지만 내가 다닌 교회는 상당히 작고, 불편하지는 않아도 전통적이었다. 나는 그 목사들을, 새로운 모임에 참석하고 싶은 마음에 선뜻 비행기에 오르도록 만들 수 있을까?

8.
생의 의미를
찾는 시간

"밥, 자네의 사명은 잠자는 미국 기독교의 힘을 깨워
역동적인 힘으로 바꾸는 거야."

— 피터 드러커

텍사스 주에서 자라면 누구나 미식축구 팬이 된다. 잠시나마 고교 미식축구팀에서 평범한 레프트 엔드로 활동한 게 전부이지만 론스타 주(Lone Star state, 텍사스 주 별칭)의 공식 종교에 심취한 나는 모교 텍사스 대학교의 롱혼스와 국민구단 댈러스 카우보이스의 경기를 빠짐없이 챙겼다. 그래서 내 경력과 야망에 대해 불안을 느꼈을 때 나는 내 처지를 자연스럽게 미식축구에 빗대어 이해하고자 했다.

나는 거의 20년을 가족기업의 성장에 바친 후 40대 초반이 되었다. 피터와 나는 7~8년을 꾸준히 만났고, 우리의 대화는 버포드 TV를 비롯한 비즈니스에서 그가 '경영학'에서 늘 중요하게 생각하던 주제로 서서히 이동했다. 곧 사회가 온전하게 작동할 수 있는 환경을 만드는 일이었다.

피터가 눈여겨본 인구통계학적 변화는, 미국 근로자의 수명이 늘어나는 것과 아울러 노동자가 '지식 근로자'로 전환되는 것이었다. 20세기 중반까지 미국인의 기대 수명은 55세가 최고였다. 20세기가 끝날 무렵 기대 수명은 74세로 늘었다. 더욱이 재향군인학자금지원(GI-bill)을 받아 대학을 졸업한 남자들은 하루 두 번 소젖을 짜거나 조립라인에서 단조로운 작업을 하는 게 아니라 영업직, 기술직, 사무직같이 육체노동을 요구하지 않는 일을 하기 시작했다.

하프타임

그래서 피터가 나에게 새로운 일을 시작할 시간은 충분하다고 말했을 때, 나는 내 직업에 대한 불안정을 미식축구 용어로 설명했다. 내 인생 '전반전'은 전적으로 가족기업의 성장을 위해 헌신한 시간이었다. 25세에서 40세 사이의 여느 남자처럼 나는 송곳니가 날카로운 호랑이 같은 성공을 잡으러 다니는 진정한 수렵가이자 채집가였다. 나는 내가 세운 높은 기대치를 웃도는 성과를 올렸지만, 일에만 몰두하다가는 다른 것을 놓칠지도 모른다는 막연한 느낌이 늘 꼬리처럼 따라붙었다. 내 마음 한구석에는 이런 물음이 떠나가지 않았다. '돈을 많이 벌어도 잃어버리는 게 있지 않을까?' 나는 내 경력의 전반전 종료를 앞두고 후반전에는 작전 계획을 수정해야 한다는 것을 예감했다.

나는 하프타임에 들어갔다.

후반전에는 더욱 신앙에 집중해서 내 시간과 돈, 재능을 써야 했다. 나는 해롤드와 폴 덕분에 대형교회를 세운 기업가 정신이 투철한 젊은 목사들에게 초점을 맞출 수 있었다. 하지만

> 피터는, 후반전에는 신앙에 집중하고 싶다는
> 내 생각을 분명히 이해하고 지지했다.
> 우연이라 해도 좋고 섭리라 해도 좋지만
> 내 인생이 새로운 방향으로 나아가는 시기에
> 피터의 역점도 민간 부문에서 비영리 부문으로 바뀌었다.

그것 외에는 단서가 없었다.

이런 일이 진행되는 동안에도 나는 피터를 정기적으로 만났고, 물론 더욱 의미 있는 '후반전'을 시작하고 싶다는 바람을 밝혔다. 피터는, 후반전에는 신앙에 집중하고 싶다는 내 생각을 분명히 이해하고 지지했다. 우연이라 해도 좋고 섭리라 해도 좋지만 내 인생이 새로운 방향으로 나아가는 시기에 피터의 역점도 민간 부문에서 비영리 부문으로 바뀌었다.

여전히 불확실한 점은 있었다. 경영자들과 리더들을 위해 피터가 관심을 두고 지지한 원리들이, 보수를 받지 않는 자원봉사자들에게 의존하고, 시장에서 찾아볼 수 있는 일반적인 '가치 등식'이 아니라 평범한 시민들의 후원금이 수입원인 단체들에도 적용될 수 있을까? 피터가 머지않아 발견한 것처럼 비영리 부문은 특유의 난관이 있지만 말 그대로 세상을 바꿀 기회를 제공했다. 인간의 조건에 깊은 관심이 있는 사람이 이런 것을 어떻게 거부할 수 있겠는가?

그는 현대 문화에서 절실히 필요한 일은 개인들이 자신과 남들에게 이로운 일을 하며 살도록 하는 것이며, 그 일은 비영리 조직이 가장 잘할 수 있다고 믿었다. 피터에 따르면 비영리 조직은 "내일의 온전한 사회와 온전한 민주주의"를 성취할 수 있는 조직이었다.

공교롭게도, 내가 신앙에 더욱 집중하기로 한 것처럼 피터는 구세군을 상대로 무료 컨설팅을 아주 많이 하고 있었다. 일반인들은 대체로 구세군에 대해 연말이면 붉은 자선냄비 옆에서 종을 치는 사람들이나, 오래전에 대여섯 명의 사람들이 똑같은 복장을 하고 거리 모퉁이에서 악기를 연주하던 모습으로 떠올리지만, 구세군을 속속들이 조사한 피터는 그들을 아주 높이 평가했다. 그는 1997년 《포브스》와의 회견에서 이런 말을 했다. "구세군은 미국에서 가장 유능한 조직이다. 명확한 사명, 혁신 능력, 측정 가능한 성과, 돈을 허투루 쓰지 않겠다는 결단 면에서 구세군을 따라갈 조직은 없다."

로버트 A. 왓슨과 제임스 벤저민 브라운은 구세군에 대한 피터의 칭찬을 책 제목으로 사용했다[원서 제목은 "미국에서 가장 유능한 조직, 구세군 리더십의 비결"이며 우리말로는 《구세군의 리더십》(한국경제신문사)으로 출판되었다―옮긴이]. 하지만 그들은 피터의 칭찬에 만족하지 않고 그가 수년에 걸쳐 구세군에 대해 연구한 내용과 구세군이 인간의 필요를 효과적으로 충족한다는 평가에 대해 깊이 연구했다. 피터는 나에게 이렇게 말했다. "나는 구세군 사람들을 만나는 게 좋아. 그들을 만나면 아주 즐거워. 아름다운 정신이 깃든 사람들이야. 같이 있으면 내가 넋이 나갈 정도라니까."

그는 구세군이 "몹시 궁핍한 사람들"을 돕는다는 것을 알고 있었다. 그는 약자와 빈자를 변화시키는 구세군의 사명에 공감했다. 하지만 무엇보다 구세군이 사명을 잘 '완수'한다는 것도 알고 있었다. 구세군의 알코올중독재활센터 입소자의 회복률은 45퍼센트를 웃돈다. 일반적인 알코올중독 치료 프로그램의 회복률은 25퍼센트다. 가석방된 경범죄 초범을 대상으로 하는 구세군의 재활 프로그램의 성공률은 약 80퍼센트다.

구세군에서 40년을 보낸 조지아 주 애틀랜타의 미국 남군국 사령관 제임스 오스본에 따르면, 피터가 구세군에 끼친 영향력은 "거대하고 유익했다". 두 가지 예가 있다. 피터는 조직을 상대로 컨설팅을 할 때 가장 먼저 조직의 사명에 대해 물었다. 그들이 하려는 바가 무엇이냐는 것이다. 그는 《하버드 비즈니스 리뷰》에서 이렇게 적었다. "최고의 비영리 기관들은 조직의 사명을 규정하는 데 오랜 공을 들인다. 그들은 온갖 좋은 뜻을 망라하는 선언서 같은 것은 쓰지 않고 대신 조직의 구

피터는 또한 비영리 부문도 민간 부문과 마찬가지로
직원의 성과를 체계적으로 면밀하게
평가해야 한다고 믿었다.

성원인 직원과 자원봉사자들이 하는 일을 명료하게 규정하는
목적에 집중한다." 피터는 구세군의 사명 선언서를 간단하게
요약했다. "사회의 낙오자와 실패자를 자존심 있는 시민으로
만든다."

피터는 또한 비영리 부문도 민간 부문과 마찬가지로 직원의
성과를 체계적으로 면밀하게 평가해야 한다고 믿었다. 비영
리 단체들이 흔히 하듯이 성과가 낮은 직원에게 일을 계속 맡
기지 말고 부족한 역량을 정직하게 평가하고 결핍을 채워주는
추가적인 훈련을 제공하라고 피터는 제안했다. 곧 두 번째 기
회를 허락하되 기대치를 낮추어서는 안 된다. 피터의 영향력
을 통해 구세군은 공식 체계를 갖추고 모든 직원의 성과를 평
가한다. 놀랍게도 인사 고과가 낮아서 두 번째 기회를 얻은 직
원 가운데 약 60퍼센트는 조직에 남아 생산적인 업무로 복귀
했다.

하지만 무엇보다 중요한 것은 피터가 구세군을 대할 때도

제너럴 모터스 같은 대기업 고객을 상대할 때와 다름없는 정성을 기울인다는 것이다. 구세군이 수십억 달러 가치의 기업이 아니어도, 컨설팅의 대가를 받지 않아도, 그는 변함없는 전문성과 통찰력으로 구세군이 더욱 효과적으로 일하고 높은 성과를 거둘 수 있게 도왔다.

2001년 11월 6일, 구세군은 몇 년에 걸친 피터의 관대한 봉사에 고마움을 표하고자 구세군 최고의 영예인 에반젤린부스상을 그에게 수여했다. 이는 구세군에서 장기간 뛰어난 봉사를 하고 "구세군 창립자 윌리엄 부스와 캐서린 부스의 딸 에반젤린의 정신과 헌신, 혁신적 통찰"을 갖춘 사람에게 수여하는 상이다.

피터는 구세군을 온전하게 작동하고 기여하고 변화를 일으키는 조직으로 보았다. 그가 볼 때 이 세 가지는 성공적인 조직의 결정적인 특징인데, 그는 점점 더 사회 부문이 이 일을 가장 잘할 수 있다고 느꼈다.

미국의 잠자는 힘을 깨우다

피터는 목사들을 위해 일하고 싶다는 내 말을 신중하게 들었다. 나는 그들이 이끄는 교회의 형태와 평소 교회에 무관심하던 사람들이 그들의 교회로 많이 모이는 이유를 설명했다. 내가 아는 한 그는 미국 기독교 내에서 새롭게 일어난 이 운동에 대해 알지 못했다. 하지만 피터는 내가 지금껏 여러 번 봐온 것처럼 무엇이든 금방 배웠다. 사실 갈피를 잡지 못하던 내 생각에서 요점을 뽑아내 사명 선언문으로 바꾸고 내 인생을 의미 있는 '후반전'으로 이끈 사람은 피터였다. 평생 잊지 못할 순간이었다.

피터는 내가 프레드 스미스와 함께 만든 리더십 네트워크라는 단체가 주최하는 대회에서, 기업가 정신으로 충만한 상당히 많은 복음주의자 청중 앞에서 같이 대담을 하고 싶어 하는 내 청을 흔쾌히 수락했다. 장소는 로스앤젤레스에 있는 빌트모어 호텔이었다. 나는 차를 빌려서 피터와 함께 클레어몬트에서 호텔로 갔다. 우리는 시간에 늦지 않게 일찍 출발했다. 호텔에 도착하니 대담 때까지 시간 여유가 있었다. 우리는 피터가 묵을 방으로 갔다. 나는 여생을 어떻게 보내고 싶은지 다시 피터에게 설명했다. 그는 잠시 침묵한 후 내 귀에 하나님의 음성처럼 들리는 말을 했다.

"밥, 자네의 사명은 잠자는 미국 기독교의 힘을 깨워 역동적인 힘으로 바꾸는 거야."

그렇듯 그는 본질을 꿰뚫었다. 그는 지난 몇 년 동안 묵혀둔 종잡을 수 없는 내 생각에서 내가 하고 싶은 일을 정확하게 끄집어내었다. 대다수 여론 조사에 의하면 미국인의 70~85퍼센

트는 자신을 그리스도인이라고 여긴다. 미국인의 약 45퍼센트
는 일요일이면 교회에 간다. 사람들은 이런 생각을 하지 않을
까? 미국에는 그리스도인들이 아주 많으니 동네는 안전하고,
범죄는 드물고, 끼니를 거르는 학생들은 적고, 가정은 건강하
고, 피터의 말을 빌리면 "온전한 사회"의 지표들이 곳곳에서
나타날 것이다. 안타깝게도 이런 종교 활동에도 불구하고 사
실은 그렇지 못하다.

　모든 그리스도인이 신앙을 진지하게 받아들이고, 도시에서
직장에서 가정에서 예수님의 가르침을 실천한다면 어떤 일이
생길까? 그들이 동면에서 깨어나 활발히 움직인다면, 일요일
에 교회에 가는 사람이 아니라 날마다 그들 자신이 교회가 된
다면 어떻게 될까?

혁신가들의 모임

나는 일을 할 수 있는 수단이나 조직이 필요했기에 프레드 스
미스의 도움을 받아 리더십 네트워크를 시작했다. 목적은 '유
능한 그리스도인 리더들을 발굴하고 모아서 영향력을 배가하
는 것'이었다. 처음에는 벽에 붙은 파리처럼 가만히 교회 리더
들, 주로 출석 교인이 1,000명이 넘는 교회를 이끄는 담임목사
들의 말을 듣고 싶었다. 우리는 혁신가들을 발굴하고 모아서

나는 미국 설교자 중에
피터를 아는 사람이 있을지 불확실했고,
그를 알더라도 기독교 사역에 도움이 되는
믿을 만한 강사로 받아들일지 확신이 없었다.
또한 피터가 설교자들을 만나줄지도 의문이었다.

개혁의 흐름을 계속 이어가고 싶었다. 우리는 그들이 자신의 영향권 안에서 남들과 아이디어를 공유하고 가르치게 하고 싶었다. 우리는 사람들에게 우리가 아니라 그들을 믿고 따르도록 하고 싶었다. 우리는 무대였고 무대에 오르는 것은 그들이었다. 언젠가 피터가 한 말처럼 "[우리가] 하는 일의 결실은 다른 사람들의 나무에서 열린다".

리더십 네트워크의 역할은 리더들이 사역을 더욱 효과적으로 할 수 있도록 발굴하고 연결하고 자원을 제공하는 것이었다. 우리는 중요한 첫 사업으로 목사들과 교회 리더들의 작은 모임에서 피터의 지혜를 듣는 연속 강좌를 기획했다. 솔직히 나는 미국 설교자 중에 피터를 아는 사람이 있을지 불확실했고, 그를 알더라도 기독교 사역에 도움이 되는 믿을 만한 강사로 받아들일지 확신이 없었다. 또한 피터가 설교자들을 만나줄지도 의문이었다.

내가 가까스로 말을 꺼내자 피터는 이렇게 대답했다. "좋아. 우리는 이 일을 '해야' 해." 내 인생을 풍요롭게 만든 피터의 지혜가 교회에도 적용될지 알고 싶다는 내 바람을 피터가 안다는 것 외에는 특별한 의제가 없었다. 게다가 리더십 네트워크에서는 '세속'의 것이라도 배울 마음이 있는 교회 리더들을 찾아서 서둘러 피터의 강연에 초대해야 했다. 지나고 보니 나는 피터를 '선전'할 필요가 없었다. 그들은 피터가 누군지 알고 있었을 뿐 아니라 그의 책을 많이 읽고 그를 존경하기까지 했다. 나는 피터의 이름을 언급했을 뿐인데 참석하겠다는 회신이 쇄도했다.

가장 먼저 참석하겠다고 연락해온 목사는 애틀랜타에서 무척 성공적이고 역동적인 페리미터 교회를 개척한 랜디 포프였다. 얼마 전 랜디는 나에게 이런 말을 했다. "피터 드러커가 강사로 온다는 초대장을 받았을 때 나는 믿을 수가 없었습니다. 나는 피터의 명성을 익히 들어 알고 있었고 존경하는 인물이라서, 그가 목사들에게 무슨 말을 할지 듣고 싶어 기다릴 수가 없었습니다."

솔직히 나도 그날을 손꼽아 기다렸다.

9.
교회의 본질적
사명을 붙들라

"경영학을 교회에 적용하는 목적은 교회를 더욱 교
회답게 하기 위한 것이지 교회를 기업으로 바꾸기
위해서가 아니다."

―피터 드러커

로키스 YMCA의 에스티스파크센터 홍보 브로 슈어는 '자연의 감동'을 약속한다. 에스티스파크와 로키마운 틴 국립공원 입구를 길게 잇는 아름다운 산맥 깊숙한 곳에 자 리한 이곳은 평범한 일상을 떠나 재충전을 하고 싶은 개인과 단체가 즐겨 찾는 장소다. 직장인, 비영리 단체 활동가, 공무 원 들은 이곳에 모여 사기도 높이고 재충전도 한다. 덴버 국제 공항에서 두 시간 거리였지만 힘들지 않다. 이곳에 도착하면 머리가 맑아진다.

생각할 게 많은 설교자들에게는 완벽한 장소다.

대형교회 목사가 모두 극도로 활동적이라고 말할 수는 없겠 지만 소극적인 자세로는 몇몇 가정에서 시작해 수천 명이 모 이는 교회를 세울 수는 없는 법이다. 그날 첫 모임과 잇단 모 임에 초대된 목사들과 교회 리더들은 시작한 일은 끝내는 상 남자들이었다. 그들은 회의를 주재하고, 미래상을 제시하고, 재정 상황에 속을 태우고, 교역자를 채용하고, 특별한 행사를 계획하고, 설교를 하면서도 자신이 섬기는 사람들을 사랑하고 보살폈다.

내가 이 목사들을 멀리까지 데리고 온 것은 잘한 일이었다.

산자락 사이에는 단출한 통나무집 산소 캐빈(Sanso Cabin)이 있었다. 피터와 도리스가 여름이면 한 달 동안 머무는 곳이었다.

리더십 네트워크는 나, 프레드 스미스, 게일 카펜터 세 사람이 힘을 모아 시작한 것이다. 인력도 부족하고 세련미도 없었지만 열정과 지략으로 부족함을 채웠다. 이를테면 목사들을 덴버 공항에서 에스티스파크로 수송하기 위해 우리는 승합차 세 대를 빌렸다. 한 대는 프레드가 운전하고, 한 대는 게일이 운전하고, 마지막 한 대는 아내의 압박을 이기지 못한 게일의 남편이 운전했다. 게일은 목사들이 비슷한 시간에 공항에 도착하게끔 항공 일정을 맞추어 산장으로 떠나는 일을 수월하게 했다.

계획은 간단했다. 피터와 이틀을 보내는 게 전부였다. 우리는 목사들에게 오후에 두어 시간 정도 쉴 수 있도록 자유 시간을 허락했지만 승마나 지프라인을 즐기는 목사는 한 사람도 없었다. 그들은 피터와 보내는 시간을 아꼈다. 프레드와 나는 번갈아가며 사회를 보았는데, 기본적으로 피터가 자신에게 완전히 매혹된 청중을 상대로 두어 시간 강의를 한 후 질의응답이 30분가량 이어지는 식이었다. 그러고는 점심이나 간식을 먹고 곧바로 다음 강의가 시작되었다.

우리가 모인 공간에는 연단도 있고 화이트보드도 있었지만 피터는 늘 책상에 앉았다. 다리를 바닥 위로 떨어뜨리고 앉아 있는 모습은 영락없는 아이와도 같았다.

나도 적잖이 '직업 개발' 세미나를 비롯한 갖은 비즈니스 주제를 다룬 대회에 참석했지만 날이 갈수록 그런 모임에 발길이 뜸해졌다. 하지만 피터 같은 강사라면 달랐다. 목사들이 피터를 쳐다보지 않을 때는 일제히 컴퓨터를 보면서 수없이 쏟아지는 중요한 내용을 기록하고 있을 때뿐이었다.

교회다운 교회 경영

우리는 행사 전체나 개별 모임의 주제를 미리 알리지 못했지만 피터는 목사들이 이해할 만한 언어와 맥락으로 경영학을 잘 풀어 전달했다. 하지만 피터가 늘 그들에게 핵심적으로 말했듯이 "경영학을 교회에 적용하는 목적은 교회를 더욱 교회답게 하기 위한 것이지 교회를 기업으로 바꾸기 위해서가 아니다". 초대형교회가 너무 기업처럼 시장 논리에 사로잡혀 있다는 비판이 있기 몇 년 전에 피터는 그런 비판을 예상하고 그 자리에서 목사들에게 사명을 버리지 말라고 경고했다. 그는 그들이 성공한 이유는 '목회'에 충실한 덕분이란 점을 분명히 일깨웠다. 곧 그들이 교인들을 섬기고, 그들의 필요를 이해하고, 그들의 영혼을 보살폈다는 뜻이다. 그는 섬겨야 할 사람들을 섬기지 않고 도리어 서서히 자신의 안위를 위해 존재하는

밥 버포드, 피터 드러커에게
인생 경영 수업을 받다

초대형교회가 너무 기업처럼
시장 논리에 사로잡혀 있다는 비판이 있기 몇 년 전에
피터는 그런 비판을 예상하고 그 자리에서
목사들에게 사명을 버리지 말라고 경고했다.

조직의 성향을 잘 알았기 때문에 그들에게 자신의 진짜 소명을 잊지 말라고 충고했다.

피터는 준비를 소홀히 하는 법이 거의 없었다. 그는 약 30년 동안 클레어몬트 대학에서 최고경영자과정을 가르쳤는데, 늘 목사들이 대여섯 명씩 등록해 공부한다는 것을 알았다. 그는 비영리 부문에 대한 관심이 커지자 목사 학생들과 교류하면서 지냈다. 그래서 그는 에스티스파크에 모인 사람들이 낯설지 않을 만큼 교회와 목사에 대해 잘 알고 있었다. 하지만 그는 새로이 만난 목사들이 일반적인 교회를 섬기는 전형적인 목사나 리더와 다르다는 점도 알고 있었다. 그래서 그는 대답하는 것 못지않게 질문도 많이 했다. 피터는 자신이 알던 교회와는 사뭇 다른 교회를 이끄는 특별한 리더들을 만났다는 것을 아는 표정이었다. 그는 그들에 대해 되도록 많은 것을 알고 싶어 했다.

나는 세미나와 대화가 끝나면 '스타' 강사들은 곧장 사라지는 것을 자주 보았지만, 피터에게서는 그런 모습을 찾을 수 없었다. 모임이 끝나면 자신의 통나무집으로 가서 휴식을 취할 수 있는데도 그는 강의실에 머물며 목사들과 지내는 것을 좋아했다. 식사 시간에는 매번 새로운 식탁에 찾아가 목사들을 사귀고, 휴식 시간에는 늘 삼삼오오 앉아 이야기하고 경청했다.

목사들의 반응은 똑같았다. 휴식 시간이면 그들은 한 사람씩 나를 찾아와서 교회 사역에 직접적인 영향을 줄 피터의 말을 구체적으로 떠올리며 이야기했다. 내가 앞서 소개한 애틀랜타에서 사역하는 랜디 포프는 피터가 어떤 기여를 했는지 이렇게 설명했다.

사실상 그가 말한 모든 것은 내가 사역하는 대형교회에 빠짐없이 적용할 수 있지만 대표적인 것을 꼽으라면 두 가지가 있다. 나는 그동안 교인들이 성숙한 신앙을 가지도록 양육하는 게 참 힘들었다. 일상에 약간의 교회 생활이 추가되는 게 아니라 그리스도의 성숙한 제자가 되는 것 말이다. 피터는 사람들에게 장기적인 변화를 일으키는 조직이 딱 두 개 있다고 말했다. 곧 대형교회와 익명의 알코올 의존자 모임(AA)이다. 그래서 나는 AA에서 배울 점이 무엇인지 자세히 알아보았다. 그들의 성공 요인은 책임 있는 행동과 자격 있는 후원자였다. 우리는 다섯 사람씩 작은 소그룹을 만든 뒤 유능하고 자격 있는 리더를 붙였다. 그랬더니 말 그대로 교회가 변화되었다. 실은 소그룹 활동이 어찌나 큰 성공을 거두었는지 전 세계에서 목사 수백 명이 소그룹 활동을 배우고 싶어서 찾아올 정도였다. 우리는 결국 '라이프온라이프'라는 국제적인 사역을 따로 시작했다.

나는 또한 피터에게서 유능한 리더가 되는 방법을 배웠다. 그는 두세 가지를 잘하는 사람은 드물다고 말했다. 대부분은 잘하는 게 한 가지는 있는데 그것을 발견해서 온전히 집중하면 세상을 크게 바꾸는 사람이 된다.

마지막 모임을 할 때 나는 뒤에 서서 사람들을 보다가 평소와는 다르게 격한 감정을 느꼈다. 앞에서 피터는 책상에 앉은 채 운동화를 신은 발을 앞뒤로 흔들며 강의하고 있었다. 재능과 영향력이 전국에서 뛰어나기로 손꼽히는 목사들과 교회 리더들의 진지한 얼굴에서는 배운 것을 당장이라도 써먹고 싶어 하는 열의가 배어 나왔다. 피터는 잠시 야릇한 웃음을 지었다. 문득 무언가가 내 뇌리를 스쳤다. 바로 이거구나! 나는 더 큰 일을 하고 싶어서 사업가의 길을 포기했지만 내 마음에는 늘 의문이 남아 있었다. 뜻한 바를 이룰 수 있을까? 돈이나 기부하면서 기분만 내게 되는 것은 아닐까? 실내를 천천히 살펴보니 전능자의 음성이 들리는 듯했다. "보여? 이건 시작에 불과해."

나는 더 큰 일을 하고 싶어서
사업가의 길을 포기했지만
내 마음에는 늘 의문이 남아 있었다.
뜻한 바를 이룰 수 있을까?

나는 감정을 주체할 수 없어서 강의실에서 나왔다.

그 후 피터의 강좌는 계속 이어졌다. 우리는 이틀 동안 열리는 강좌에 목사들과 사회 부문 리더들을 초대했다. 30명 정원의 강좌가 다섯 차례 더 열렸다. 피터는 오전과 오후에 강의하고, 식사 시간에는 우리가 공평하게 안배한 사람들과 어울려 사적인 대화를 나누었다. 전부 150명이나 되는 리더들은 사연과 경영학에 대한 관심사를 피터에게 제가끔 쏟아냈고, 피터는 평생 학생의 면모를 잃지 않던 그답게 모든 이야기를 경청했다. 피터는 귀를 열어두고 배웠다.

사무실에는 내가 간직하는 사진 액자가 있다. 언뜻 보면 20회 고교 동창회 기념사진 같다. 남자 33명이 산을 배경에 두고 어색한 자세로 웃고 있다. 몇몇은 안타깝게도 세상을 떠났다. 시카고 지역에서 매우 활동적이고 영향력 있는 오크브룩 크라이스트 처치를 이끌던 아트 디크레이터. 세계에서 가장 큰 초교파 신학교인 풀러 신학교 총장이던 데이비드 허버드. 국제 구호 기관 월드비전 총재이던 테드 엥스트롬. 그들은 젊은 목사들을 양육하고 격려하는 우리의 노력을 응원한 어른들이었다. 나는 그들의 영향력과 우정이 그립다.

하지만 나는 거의 날마다 그 사진을 보면서 첫 강좌를 비롯한 여러 모임에서 일어난 일을 떠올리며 전율을 느낀다. 사진 속의 리스 앤더슨은 미네소타에서 대형교회인 우드데일 교회를 이끌었고 지금은 미국 복음주의협회 회장이 되었다. 테리 풀럼은 코네티컷 주 대리엔의 100명 남짓 모이는 작은 성공회 교회를 1,000명이 넘게 성장한 교회로 바꾸었다. 래리 드위트는 캘리포니아 주 사우전드 오크스에서 여섯 가정으로 교회를 새로이 개척하여 부머 세대를 섬기는 모범이 될 만한 역동적인 교회로 만들었다.

그리고 맨 뒷줄에는 시카고에서 온 중년의 남자, 금발과 햇볕에 잘 태운 피부, 뜨거운 열정으로 반짝이는 그가 있다.

10.
진정한 필요에
주목하라

"나는 토마토를 1,000상자, 200상자씩 구매해 충직한 고등학생들과 함께 방문판매를 해서 몇 천 달러를 벌었다. 게다가 고등학생들은 부업으로 돈도 벌고 코 묻은 돈으로 휘청거리는 교회를 돕기도 했다."

―빌 하이벨스

1970년대, 미시간 주 칼라마주 출신의 빌 하이벨스는 시카고 북쪽에 있는 작은 기독교 대학인 트리니티 대학 졸업을 앞두고 사업에 뛰어들 준비를 했다. 그런데 한 교수가 학생들에게 교회에 대한 기존의 개념을 모두 바꾸어 생각해보라고 자극했다. 하이벨스는 교수의 말을 흘려듣지 않고 가까운 교회에서 청소년 사역을 시작했다.

그가 인도한 수요일 저녁 예배 모임은 동네 10대들이 십시일반으로 돈을 모아 학교 버스를 대절해 단체로 찾아올 정도로 인기가 높았다. 교회답지 않은 음악과 그들에게 꼭 맞는 성경 가르침이 주효했던 것이다. 교회를 찾지 않는 사람들을 구체적으로 겨냥한 새로운 교회를 개척하는 것이 하나님의 뜻이라는 확신을 하이벨스가 갖고 있지 않았다면, 그는 지금도 청소년 사역을 계속하고 있을 것이다.

기업가 자질을 갖고 태어난 리더인 하이벨스는 부유한 교외 마을을 가가호호 방문했다. 하루 여덟 시간, 월요일부터 토요일까지, 몇 달 동안 대문을 직접 두드리며 물었다. "교회를 열심히 다니십니까?" 주인이 "예"라고 대답하면 그는 고맙다고 인사하고 옆집으로 건너갔다. 주인이 "아니요"라고 대답하면 두 번째 질문을 던졌다. "이유를 말씀해주실 수 있습니까?" 대부분 교회를 다니지 않는다고 대답했고, 그중 거의 70퍼센트는 교회에 대한 분노와 실망을 적극 표출했다. 하이벨스는 그들의 응답을 정리했는데 두 가지가 두드러졌다. 첫째, 그들은 교회가 늘 돈을 요구하는 게 불만이었다. 둘째, 그들은 교회에 대해 지루하고 반복적이고 진부하며, 교회에 "공감을 느끼지 못한다"라고 말했다.

하이벨스는 떠나기 전에 늘 물었다. "이 동네에 돈을 밝히지 않고, 공감할 수 있는 문제에 대해 설교하고, 창의적이고 감동적이고 실천적이고 진실한 교회가 있다면 다니실 의향이 있습니까?" 여러 사람들이 그런 교회가 있다면 다니겠다고 말했다.

초대형교회의 탄생

1975년 10월 12일, 하이벨스는 임대한 영화관의 문을 활짝 열었다. 그는 방문 조사에서 호의적인 반응을 보인 1,000명쯤 되는 사람들에게 윌로우크릭 교회의 첫 예배 모임을 알리는 초대장을 일주일 전에 보냈다. 극장의 좌석은 1,000개였다. 그는 자리가 부족할까 봐 걱정했다.

가족과 친구들을 포함해 참석 인원은 125명 정도. 하이벨스는 첫 모임에서 피터와 나에게 이런 말을 했다. "참 난처했다.

하지만 우리는 열심히 일했다. 일요일 오전 예배 모임에 총력을 기울였다. 드라마도 공연하고 멀티미디어도 활용하고 기존의 교회 음악과는 차별된 음악을 사용했다. 그리고 감동과 공감을 일으킬 수 있는 설교를 하기 위해 무척 힘썼다."

그는 또한 사람들의 첫 번째 불만에 주목했다. 처음 반년 동안 하이벨스는 교회가 신성시하는 헌금을 걷지 않았다. 그는 돈에 대해서는 한마디도 하지 않는 대신 아버지의 사업인 채소 도매상을 도우면서 익힌 경험을 살려 사역에 필요한 돈을 조달했다.

하이벨스는 옛일을 떠올렸다. "나는 토마토를 1,000상자, 200상자씩 구매해 충직한 고등학생들과 함께 방문판매를 해서 몇 천 달러를 벌었다. 게다가 고등학생들은 부업으로 돈도 벌고 코 묻은 돈으로 휘청거리는 교회를 돕기도 했다."

여섯 달 후 윌로우크릭 교회는 500명으로 불어났고 마침내 하이벨스는 누그러졌다. 어느 일요일 오전, 설교를 하기 직전에 그는 처음으로 헌금에 대해 이야기했다. "친구 여러분, 우리는 '달러'에 대한 말을 하지 않고 반년을 보냈습니다. 우리가 돈을 벌기 위해 사역하지 않는다는 것을 이제 아실 것입니다. 혹시 우리의 사역이 마음에 들고 헌금을 하고 싶은 분이 계시면 로비에 헌금함이 있으니 가실 때 원하는 만큼 하시길 바랍니다."

흔히 보는 목사는 아니다

나는 해롤드와 폴의 끈질긴 부탁으로 1980년대 중반에 하이 벨스를 처음 만났다. 두 사람에 따르면 그는 내가 찾던 교회 리더였다. 똑똑하고 기업가 정신이 있고 기존의 전통적인 교회보다 훨씬 더 큰 교회를 세우기 위해 경영학 원리를 활용하는 데도 주저하지 않았다. 그의 사무실에 가보니 그는 전형적인 목사와는 달랐다. 사업가의 외모에 기백이 넘쳤다. 그는 나에게 자신에 대한 이야기를 하다가 문득 말을 멈추었다. 그러고는 슬픈 표정으로, 임대해 쓰던 건물에서 새로 지은 예배당으로 이사하는 과정 중에 한두 세대의 관리자들 때문에 많이 힘들었다고 말했다.

나는 솔직한 그의 태도가 마음에 들었고 여러 교회 리더들과 더불어 선뜻 에스티스파크 모임에 참석해준 것이 고마웠다. 사실 그는 모임의 취지를 좋아했다. 나는 그가 이틀 동안 말없이 앉아서 답답한 심정으로 강의를 듣던 모습을 잊지 못할 것이다. 그런데 한 질의응답 시간에 느닷없이 그가 입을 열었다. "저는 시카고에서 왔습니다. 교인은 8,000명인데 이제 무얼 해야 할지 모르겠습니다."

함께 있던 사람들은 거의 졸도하는 분위기였다.

하지만 하이벨스는 그렇듯 솔직한 사람이었다. 그는 자랑하나는 1980년대 중반에 하이벨스를 처음 만났다.
그는 내가 찾던 교회 리더였다.
똑똑하고 기업가 정신이 있고 기존의 전통적인
교회보다 훨씬 더 큰 교회를 세우기 위해
경영학 원리를 활용하는 데도 주저하지 않았다.

는 게 아니었다. 그는 그저 8,000명에 만족하지 못할 뿐이었
다. 그는 교회 성장에 목숨을 걸었다. 단지 교인 수를 늘리기
위해서가 아니라 영적으로 미숙한 사람들을 헌신적인 그리스
도의 제자로 기르기 위해서였다.

기독교에 관심은 있어도 교회에 꾸준히 참석하지 않는 사람
들을 일컫는 '구도자'라는 말을 만든 인물이 하이벨스였다. 그
는 윌로우크릭 교회 초창기에 구도자를 함께 가르치고 양육한
헌신된 그리스도인 동료들이 있었지만, 마케팅 용어를 쓰자
면 그의 타깃은 구도자들이었다. 이것은 내가 바라던 일이었
다. 나는 교회가 피터의 경영학을 교회 사역에 접목해서 이런
일을 하길 바랐다. 누구보다 나를 잘 아는 린다는 나에게 이런
말을 했다. "당신, 빌 목사님한테 푹 빠졌죠, 그렇죠?" 아내 말
이 옳았다. 빌 하이벨스는 짐 콜린스가 말하는 5단계 리더다.

곧 자신의 영예가 아니라 자신이 지도하는 사람들의 유익을 위해서 성공을 이루는 높은 재능과 역량을 가진 리더다.

현재 윌로우크릭 교회 교인은 (시카고 전역에 흩어져 있는 다섯 캠퍼스 교인을 모두 합치면) 2만 4,000명이다. 19만 평에 달하는 사우스 배링턴 캠퍼스 중앙에 약 2만 평의 교회 건물이 있고, 주말마다 열리는 세 차례의 예배 모임에 참석하는 교인들의 편의를 위해 거의 4,000대를 수용할 수 있는 주차장을 갖추었다.

본당은 3층으로 이루어진 7,200석 규모로, 엘리베이터와 에스컬레이터 시설을 갖추고 있다. 어느 자리에서나 무대를 볼 수 있으며, 큼직한 LED 비디오 스크린 두 대를 설치해서 매혹과 감동의 무대가 '눈앞에 펼쳐진' 것처럼 배려했다. 전문 뮤지션으로 구성된 싱어와 밴드는 흥겨운 음악을 연주하고, 드라마는 여느 극장 공연 못지않게 훌륭하고, 댄스팀은 춤을 추고, 하이벨스의 말처럼 설교는 교인들의 생활에 생생하게 밀착해 있다.

언젠가 하이벨스는 나에게 자신의 진짜 은사는 설교가 아니라 창업이라고 말했다. 사실 그는 마음만 먹으면 《포춘》 500대 기업의 최고경영자가 되었을 테지만 성경에 바탕을 두고 공을 들여 작성한 그의 설교는 음악과 드라마 못지않은 구심력을 발휘한다. 그가 뛰어난 동료에게 설교를 맡기고 교회를 비우는 주말에는 때로 출석률이 조금 떨어지기도 한다.

세상의 희망

월로우크릭 교회는 크고 아름답지만 조직을 위해 존재하는 교회가 아니다. 교인들은 "지역교회는 세상의 희망이다"라는 하이벨스의 믿음을 따라 열심히 봉사한다. 1981년에 지은 첫 본당은 현재 그 지역의 라틴계 미국인들을 위해 사용한다. 20년 넘게 해오는 C.A.R.S.(Christian Auto Repairmen Serving) 사역은 수많은 싱글맘들에게 믿고 사용할 수 있는 자동차를 제공한다. 케어센터에서는 신선한 채소, 육류, 유제품을 비롯한 음식을 후원받아 불우이웃과 결핍가정에 나누어줄 뿐 아니라 푸드스탬프, 무료 건강검진과 보건교육, 무료 법률상담, 일대일 취업상담, ELS 강좌 등 각종 복지 혜택을 신청하고 받을 수 있다. 또한 지역 단체와 협력해서 시카고의 노숙자들에게 따뜻한 음식과 편안한 잠자리를 제공한다. 월로우크릭 교회는 전세계에서 단기선교 사역을 진행한다. 칠레에서는 예배당을 짓고 잠비아에서는 HIV 환자들을 보살폈다. 월로우크릭 교회에서 꾸준히 봉사 활동을 하는 교인은 전부 7,000명이 넘는다.

TV에서 채소를 얇게 써는 주방 기구를 파는 사람이 이런 말을 자주 하지만… 잠깐, 이게 다가 아니다! 하이벨스는 월로우크릭 교회를 배우기 위해 전 세계에서 찾아오는 목사들을 초기에는 일대일로 만났다. 방문객은 늘어나고 교회 사역을 하면서 그들을 일일이 만날 수 없게 되자 그는 1992년에 윌로우크릭협회(WCA)를 세워 교회 리더들에게 비전과 훈련, 자원을 제공했다. 현재 37개국에 걸쳐 90개 교단을 대표하는 8,000개 이상의 교회가 WCA 회원이다. WCA는 해마다 글로벌 리더십 서밋을 개최하는데 2012년 대회에는 미국에서 7만 명, 75개국 268개 도시에서 10만 명으로, 총 17만 명에 이르는 리더들이 참석했다. 해외 참석자들이 쓰는 언어만 해도 34개 국어에 달했다.

이것은 윌로우크릭 교회, 한 교회에 대한 이야기다. 미국에는 윌로우크릭 교회처럼 지역사회와 전 세계에서 사람들을 섬기는 초대형교회가 1,500개 넘게 있다. 1989년 뉴욕 시에서 건물 하나 없이 개척해서 2006년 '교회성장투데이' 조사에서 '미국에서 가장 영향력 있는 교회 16위'에 오른 리디머 교회와 오클라호마 주 털사의 라이프 교회, 신시내티 주의 크로스로드 교회, 샌안토니오의 오크힐스 교회 들이 그런 교회다. 미국의 거의 모든 주요 도시에는 기업가 정신이 투철한 목사가 리더십을 발휘하고, 일요일 오전에 교회에 모습을 나타내는 것을 넘어 많은 일을 활발하게 하는 교인들이 다니는 초대형교회가 적어도 하나 이상은 있다.

피터는 초대형교회 현상을 깊이 연구하면서
그들의 활동에 대한 열정이 일었다.
서유럽 교회의 쇠퇴를 목격한 그는 교회의 쇠퇴가
유럽 문화의 쇠퇴에 영향을 주었다고 믿었다.

피터는 초대형교회 현상을 깊이 연구하면서 그들의 활동에 대한 열정이 일었다. 서유럽 교회의 쇠퇴를 목격한 그는 교회의 쇠퇴가 유럽 문화의 쇠퇴에 영향을 주었다고 믿었다. 거꾸로 그는 미국에 대해 이렇게 말한 적이 있다. "이 나라가 기독교 국가로 살아남지 못하면 살아남지 못할 것이다." 온전한 사회는 정직하고 도덕적으로 행동하고 이웃을 보살피는 사람들을 필요로 했고, 피터는 초대형교회가 교인들과 지역사회에 이런 자질을 함양시키는 것을 보았다. 게다가 초대형교회는 물 밖으로 고개를 유지하는 고귀한 임무를 수행하느라 바쁜 전통적인 교회보다 그 일을 훨씬 폭넓게 진행했다.

피터는 나에게 사람들을 섬기기 위해서 모험을 마다하지 않는 그런 목사와 교회와 함께 일하라고 수없이 충고했다. 곧 기업가로 일한 내 경력은 생존을 위해 힘쓰는 교회보다 큰 비전을 품은 교회에 더 유용하다는 뜻이었다.

튼튼한 기반에 세우라. 효과가 나타날 일을 찾으라. 이것이 드러커의 순수한 뜻이었다. 그의 조언을 들으니 초대형교회 목사들을 위한 대회에 강사로 초대된 한 컨설턴트의 의견이 떠올랐다. 그는 참석자들에게 교회를 네 종류로 나누어 설명했다. 첫째, '건강한' 교회다. 그는 미국 교회의 15퍼센트가 건강하다고 말했다. 둘째, '전전긍긍하는' 교회다. 문제가 있지만 모르고 지낸다. 괜찮지 않은데 다 괜찮다고 말한다. 그는 그런 교회가 미국 교회의 40퍼센트를 차지한다고 말했다. 셋째, '기우는' 교회다. 돌봄을 받지 못한 건강한 교인들이 교회를 떠난다. 그는 미국 교회의 15퍼센트가 기울고 있다고 말했다. 마지막으로 '죽은' 교회다. 그런 교회에는 건강한 교인도 없고 할 수 있는 일도 없다. 텍사스에서 자주 하는 말처럼… 포크로 찔러라. 죽었다.

피터에게 그 강사의 말을 전하자 그는 건강하지 못해서 쇠퇴하거나 현상 유지에 급급한 교회들이 몹시 많다고 했다. 피터는 "그들은 쓸데없는 일만 잔뜩 벌이고 있어"라고 말했다.

피터는 교회의 건강과 역량은 높은 소명에 응답하는 조직의 특성과 밀접하게 연관되어 있다고 보았다. "교회는 반드시 공동체를 이뤄야 해. 사회적으로 뭉친 공동체가 아니라 영적으로 뭉친 공동체 말일세. 구심점은 명령이지 선의가 아니야. 교회와 테니스 동호회는 달라. 그 차이는 교회만이 줄 수 있는 영적인 헌신에 있어. 교회는 서비스 조직이 아니란 말이지."

피터는 교인들의 영적인 필요를 먼저 채우는 게 교회의 특별한 사명이란 말을 자주 했다. 그는 교회에 영적인 면이 없다면 제구실을 못한다고 느꼈다. 그는 '동호회 같은 기독교'의 죽음을 지적하며 주요한 사명을 저버린 교회가 어떻게 변하는지 설명했다. 한번은 내가 교회를 섬길 수 있는 다양한 방법을 찾기 위해 피터와 의논하고 있었는데 그가 아주 중요한 조언을 해주었다. 나는 그의 조언을 거의 날마다 되새긴다. "기억하게. 하나님 나라는 이 세상에 속한 게 아니고 자네는 노조가 아니야."

교회에서 고객 서비스를?

목사들을 대상으로 한 피터의 강좌 이후 신학교들의 문의가 이어졌다. '전통적' 목사를 기르는 교육과정을 개편하기 위해 우리가 어떤 내용을 가르치는지 알고 싶어 했다. 그래서 리더십 네트워크에서는 신학교에서 공부하는 목사들을 대상으로 광범위한 조사를 벌였다. 이름난 교회 리더십 전문가 캐롤린 위스는 일곱 개 주요 복음주의 신학교에 재학하는 목사 105명을 대상으로 신학교의 장단점에 대해 조사했다.

조사 결과 신학교들은 목사 후보생들에게 교회사, 신학, 헬

밥 버포드, 피터 드러커에게
인생 경영 수업을 받다

라어, 히브리어 같은 과목은 훌륭하게 가르쳤다. 하지만 리더를 기르는 일은 취약했다. "신학교에 부족한 점이 있다면 무엇인가?"라는 물음에 목사들은 이런 답을 내놓았다.

- 문화에 대한 이해가 부족하다.
- 리더십 교육이 부족하다.
- 대인관계 교육이 부족하다.
- 사역의 실무 교육이 대단히 부실하다.
- 경영이 서툴다.
- 지나치게 이론만 배운다. 실무 교육이 부족하다.
- 해외 교류가 없다.
- 사역의 미래상을 가르치지 않는다.
- 현대적인 미디어 사용법을 가르치지 않는다.

즉, 신학교에서는 초대형교회의 목사들이 보여주는 자질을 갖춘 리더들을 길러내지 못하고 있었다. 수많은 전통적 교회들이 쇠퇴하는 이유가 거기에 있었다. 한 응답자의 말마따나 "우리 신학교는 사역의 미래상도 없는 졸업생들을 배출하고 있습니다. 교인들에게 동기를 부여해서 그리스도를 위한 굉장한 사역에 뛰어들게 만들 능력도, 그런 사명을 조직할 능력도 없는 졸업생들 말입니다".

피터는 빌 하이벨스 같은 사람들에게
마음을 빼앗겼다. 그는 대형교회들이 '고객'의
필요에 주목하고 그 필요를 충족하는 것을 좋아했다.
그들이 경영학 원리와 전문적 리더십을
이미 사역에 적용하고 있었다는 사실에
피터는 한껏 고무된 표정이었다.
종교 기관에서 흔히 볼 수 있는 일은 아니었다.

그래서 피터는 빌 하이벨스 같은 사람들에게 마음을 빼앗
겼다. 그는 대형교회들이 '고객'의 필요에 주목하고 그 필요를
충족하는 것을 좋아했다. 그들이 경영학 원리와 전문적 리더
십을 이미 사역에 적용하고 있었다는 사실에 피터는 한껏 고
무된 표정이었다. 종교 기관에서 흔히 볼 수 있는 일은 아니었
다. (내 발언 때문에 신학교의 이미지가 나빠진 듯한데 우리가 조사를
실시한 1993년 이후 여러 신학교가 미래의 목사들을 양성하는 방법을
개편했다.) 피터는 새로운 부류의 목사들이 자신의 조언을 귀담
아듣는 모습을 보고 놀랐지만 그럴 필요는 없었다. 그들도 나
처럼 그를 만나기 전부터 이미 피터 드러커의 팬들이었다. 윌
로우크릭 교회 교육과정에는 모든 부서장이 《피터 드러커의

밥 버포드, 피터 드러커에게
인생 경영 수업을 받다

자기경영노트》(한국경제신문사)를 읽고 토론하는 게 포함되어 있다.

피터는 또한 초대형교회들이 교회를 떠난 사람들에게 복음을 전하고 그들을 그리스도의 성숙한 제자로 양육하는 사명을 똑같이 공유하지만, 서로 모방할 필요가 없다는 것을 알았다. 즉, 시카고 교외에서 성공한 방법이 남캘리포니아에서도 성공을 안겨주리라는 보장은 없었다.

4부
푯대를 향해
나아가라

11.
목적이 있는
혁신

"나는 기본적으로 피터가 가르친 대로 했다. 고객을
알고 고객의 가치를 발견하라. 이게 성공적인 기업
의 기본이다."

―릭 워렌

중서부에서 빌 하이벨스가 동네마다 다니며 대문을 두드릴 즈음부터 5년 후, 신학교를 갓 졸업한 청년이 이사트럭에 세간살이를 싣고 아내와 함께 새로 임대한 아파트가 있는 캘리포니아 주 오렌지카운티로 떠났다. 부부는 "상처와 절망, 혼란에 빠진 이들이 사랑, 용납, 도움, 소망, 용서, 용기를 찾을 수 있는 곳"이 될 교회를 개척하려는 열망으로 가득했다.

짐을 정리하고 2주 뒤, 릭 워렌과 케이 워렌은 한 부부를 반갑게 집으로 맞이하고 다 같이 성경 공부를 했다. 몇 달 후 찾아온 부활절 일요일, 새들백밸리 교회는 라구나힐스 고등학교 강당에서 205명이 모여 첫 예배 모임을 열었다. 야심만만하지만 현실적인 비전을 품은 워렌은 등록교인이 1만 명이 되기 전까지 건축에 돈을 쓰지 않기로 했다. 새들백 교회가 유목민처럼 생활하게 된 결정이었다. 첫 예배 모임 이후 새들백 교회가 사용한 건물은 거의 80개에 이른다.

흔히 보는 침례교회는 아니다

나는 워렌을 보자마자 그가 마음에 들었다. 사람을 만나면 늘 반갑게 웃으며 뜨겁게 안아주는 사람을 어떻게 싫어할 수 있을까? 아이처럼 순수한 열정과 겸손한 태도는 어느새 사람을 편안하게 만든다.

한번은 그가 나에게 이런 말을 했다. "사람들은 나한테 성공의 비결을 묻습니다. 사실 나는 몸으로 부딪히면서 배웠습니다. 성공에서보다 실패에서 배운 게 더 많습니다."

도로에서 윌로우크릭 교회를 보면《포춘》500대 기업의 글로벌 본사처럼 보인다. 새들백 교회의 주차장에 들어서면 성경 놀이동산에 온 듯한 착각에 빠진다. 아이들이 노는 인터랙티브 놀이터는 마침 디즈니의 실력 있는 놀이동산 디자이너로 일하는 교인의 솜씨다. 모세의 기적을 체험할 수 있는 '갈라지는' 홍해도 있고 요단강도 있다. 아이들은 놀이터에서 성경의 이야기를 배운다. 고학년 아이들은 암벽등반과 최신 비디오게임을 하고 '도마뱀 라운지'에서 실물 크기의 파충류를 관찰한다. 세계에서 가장 좋은 시설을 자랑하는 새들백 교회의 최신식 학생사역센터 '리파이너리'(The Refinery)에서는 매주 2,500명이 교육을 받는다.

초등부(4~6학년) 에지(Edge), 중등부 와일드사이드(Wildside), 대학부 크레이브(Crave), 청년부 퓨얼(Fuel), 장년부 허드(The Herd) 등 나이와 관심사로 구분한 다양한 부서의 이름만 보아도 새들백 교회가 갖춘 혁신 DNA의 면모를 엿볼 수 있다. 워

하이벨스나 워렌 같은 목사들이 이렇게 교인 수에 대해
말할 때면 때로 그들이 양적 성장에만 매달린다고
비판하는 사람들이 있다. 전혀 그렇지 않다.
이 교회 리더들은 그저 드러커의 중요한 원리를
받아들였을 뿐이다. 곧 좋은 의도만으로는 부족하다.
시간과 자원을 효율적으로 투자했는지
늘 노력의 성과를 측정해야 한다.

렌은 공식적으로 남침례교단 소속 목사이지만 새들백 교회는
흔히 보는 침례교회는 확실히 아니다.

마침내 새들백 교회는 3,500석 규모의 적당한 예배당을 지
었다. 출석 교인이 보통 2만 명이 넘으니 예배 모임은 6부로
나누어야 한다. 하이벨스나 워렌 같은 목사들이 이렇게 교인
수에 대해 말할 때면 때로 그들이 양적 성장에만 매달린다고
비판하는 사람들이 있다. 전혀 그렇지 않다. 이 교회 리더들은
그저 드러커의 중요한 원리를 받아들였을 뿐이다. 곧 좋은 의
도만으로는 부족하다. 시간과 자원을 효율적으로 투자했는지
늘 노력의 성과를 측정해야 한다. 워렌이 말했다. "새들백 교
회에 오시면 피터의 지문이 곳곳에 찍혀 있는 것을 보실 수 있

습니다."

하이벨스처럼, 그리고 적극적인 교인이 수천 명에 이르는 교회를 개척한 목사들처럼 워렌은 먼저 잠재 고객들에게 집중했다. 12주 동안 그는 집집마다 다니며 사람들이 교회에 가지 않는 이유를 귀담아들었다. 워렌은 나에게 설명했다. "나는 그들이 하는 말을 빠짐없이 받아 적었습니다. 나는 기본적으로 피터가 가르친 대로 했습니다. 고객을 알고 고객의 가치를 발견하라. 이게 성공적인 기업의 기본이죠."

교회를 떠난 서부의 주민들도 일리노이 주 사우스 배링턴의 주민들과 비슷한 욕구가 있었던 게 분명하다. 워렌은 사람들이 교회에 가지 않는 가장 큰 이유 두 가지가 지루하고 허황한 설교와 헌금을 강요하기 때문이란 것을 알았다. 하지만 서부의 주민들은 다른 특징도 있었다. 그들은 교회를 배타적인 회원제 클럽 같은 곳으로 느꼈고 아이들을 맡길 곳이 없다는 점도 우려했다.

워렌은 "사람들이 교회에 가고 싶어 하지 않은 이유에 신학적인 이유는 없었다"는 것을 발견했다. "나는 하나님을 믿지 않는다는 사람은 한 명도 만나지 못했습니다. 그들은 그저 교회에 가기 싫었을 뿐입니다."

워렌은 사람들에게 하나님을 전하고 그들이 신앙의 성숙을 이루어 다시 남들을 섬길 수 있도록 하는, 수많은 고객의 필요를 채워줄 교회의 개척 준비를 마쳤다. 그는 피터와 나에게 새들백 교회가 어떻게 시작됐는지 설명했다.

나는 주민들에게 공개편지를 썼습니다. 전통적인 교회에 발길을 끊은 사람들을 위한 교회를 세우고 싶다고 말했습니다. 나는 교회에 대한 주민들의 불만 네 가지를 밝히고, 우리는 그런 교회가 아니라고 설명한 뒤 부활절에 직접 와서 보라고 초대했습니다. 그러고는 가정에서 성경 공부를 하는 10여 명과 함께 손수 우표를 붙이고 주소를 써서 1만 5,000통을 발송했습니다. 새들백 교회는 그렇게 시작되었습니다.

꾸준한 혁신의 흐름

워렌은 또한 피터 덕분에 유능한 리더가 되는 법을 알았다고 말했다.

그는 나에게 이런 말을 했다. "리더는 처음에 '나는 무얼 하고 싶지?'라고 물으면 안 된다. 훌륭한 리더는 늘 '꼭 해야 할 일이 무엇이지?'라고 묻는다는 것을 피터에게 배웠습니다."

교회의 경우 두 물음의 차이는 중요하다. 여러모로 세상에는, 적어도 미국에는 교회가 더 필요 없다. 신학교를 졸업하고 교회를 개척하고 싶은 젊은 남녀들이 아주 많을 것이다. 그들은 "나는 무얼 하고 싶지?"라고 물었을 것이다. 초대형교회 목사들은 "꼭 해야 할 일이 무엇이지?"라고 다르게 물으며 지역사회의 필요에 주목했고, 자기 교인들에게는 잘하지만 이른바 '가나안 성도'(un-churched)라고 부르는 사람들에게는 대체로 무관심한 교회들과 사뭇 다른 교회를 세웠다.

창업한 회사들은 일찍 기우는 경우가 많은데 새들백 교회와 윌로우크릭 교회는 30년 동안 훌륭하게 사역하고 있다. 몇 년 전 무척 현명하고 눈이 밝은 교회 성장 전문가 라일 샬러는 교회가 탄생, 성장, 안정, 쇠퇴, 죽음의 다섯 단계를 거친다고 말했다. 그는 미국 교회의 약 65~70퍼센트가 안정과 쇠퇴 단계에 있다고 진단했다. 그런데 이런 대형교회들은 성장을 이어가고 비전을 품던 젊은 시절의 열정을 잃지 않는다. 비결이 무엇일까?

1970년대에 이런 교회들은 신선하고 매우 혁신적이었다. 그들은 음악과 예배의 형식을 실험적으로 바꾸었고 형태와 예배, 대상 등 교회의 개념을 뒤집었다. 하지만 어제는 혁신을 하더라도 오늘은 현상 유지에 급급할 수 있다. 나는 대형교회 목사들이 성공에 안주하지 않고 끊임없이 성과를 점검하며, 효과가 없다면 기꺼이 새로운 방법을 시도한다는 것을 알았다. 피터가 말하는 "분석, 체계적인 검토, 근면"의 결과로 "가르칠 수 있고 반복할 수 있고 학습할 수 있는 의도적 혁신"과

나는 대형교회 목사들이 성공에 안주하지 않고
새로운 방법을 시도한다는 것을 알았다.
피터가 말하는 "의도적 혁신"과 유행의 차이는
여기서 비롯된다.

유행의 차이는 여기서 비롯된다.

나는 워렌을 처음 만났을 때부터 그의 최대 장점은 독창적이고 체계적인 사고라는 것을 느꼈다. 그는 전체를 보며 일이 진행되는 방향을 통찰할 줄 알았다. 한번은 피터와 내가 워렌을 만난 자리에서 새 신자의 성장과 성숙을 돕는 과정에 대한 이야기를 하게 되었다. 워렌은 다이아몬드 모양의 야구장 베이스를 비유로 들어 새 신자는 1루에 있는 것과 같다고 설명했다. 목표는 그들이 성숙하고(2루), 사역하고(3루), 마지막으로 선교하는(홈) 것이었다. 그는 피터에게 새들백 교회는 처음에 나이가 많고 경험이 풍부한 그리스도인들에게 새 교우의 양육을 맡겼는데, 새 신자들이 1루를 쉽게 떠나지 못하는 것을 발견했다고 말했다.

그는 우리에게 설명했다. "그래서 우리는 새로운 방법을 시도했습니다. 새 신자들은 기존 신자보다 새 신자와 함께 있을 때 훨씬 빨리 성장했습니다. 게다가 새 신자들끼리 모이면 훨씬 적극적으로 행동합니다. 대다수 미국 교회의 문제는 너무 가르치기만 하고 실천이 뒤따르지 않는 것입니다."

얼마 전 윌로우크릭 교회는 성과를 점검하는 일을 망설이지 않을 뿐 아니라 성역이라 해도 방해가 되면 용기 있게 갈아 치우는 이 같은 자세로 새 신자 훈련 방식을 전면 개편했다. 윌로우크릭 교회는 전문 리서치 기관에 전 교인을 대상으로 종합적인 조사를 맡겼다. 결과가 나오자 리서치 기관은 담임목사인 빌 하이벨스에게 보고하기를 주저했다. 그럴 법도 했다. 결론만 말하면 교인들의 성장을 돕기 위한 모든 활동은 효과가 없었다. 하이벨스는 보고를 듣고 난 후 교회 리더들과 결과를 검토하기 위해 사흘 동안 회의를 열었다. 그는 헌신적으로 사역한 동료들을 충격에 빠뜨릴 사실을 전하기 전에 당부했다. "사실이란 우리의 친구입니다."

실행을 위한 혁신

1984년, 내가 대형교회 목사들과 함께 일하기 시작한 그때, 매주 평균 출석 교인이 1,000명 이상인 미국 교회가 약 600개였다. 2012년에는 6,000개 이상으로 늘었다. 피터는 나에게 성공의 핵심 요소는 꾸준한 혁신이라고 말했다. 혁신의 1막을 시작하기란 여간 어려운 일이 아니지만 2막과 3막, 그 이상은 재능보다 훈련이 중요하다. 그리고 조직의 리더는 자신이 섬기는 사람들의 말을 귀담아들어야 한다.

성공적인 대형교회가 등장하고 우람한 건물을 짓는 게 1막이라면, 이른바 '멀티사이트'(multi-site) 교회 현상, 즉 지역사회를 더욱 잘 섬기기 위해 기존 건물을 증축하지 않고 '위성중계로 예배를 드리는' 교회들을 세우는 것이 2막이다. 근거지는 오클라호마시티이지만 전국 열다섯 지역에 캠퍼스가 있는 라이프 교회, 시애틀을 중심으로 여러 주에 캠퍼스가 있는 마스힐 교회가 그런 교회다. 이런 교회는 하이테크와 하이터치라고 부를 만하다. 음악은 현장에서 연주하고 목회와 소그룹 활동은 모두 교역자와 교인들이 맡아서 한다. 단 설교만 담임목사의 영상 설교를 듣는다. 이를테면 라이프 교회의 열다섯 지역에 위치한 캠퍼스는 미국에서 손꼽히는 설교자 크레이그 그로쉘의 강력한 메시지를 듣는다. 대형교회의 이런 혁신은 부분적으로 사역은 건물이 아니라 사람을 위한 것이라는 인식에서 비롯한다. 사실 오늘날 초대형교회의 약 50퍼센트는 멀티사이트 교회이다.

3막은 무엇일까? 이 부분이 재미있다. 2012년 부활절 일요일, 라이프 교회에는 7만 1,000명이 모였다! 하지만 교인들은 한곳에 모인 게 아니라 다양한 곳에서 열린 177개 예배 모임

> 우리는 피터의 영향을 받아
> 모든 일의 목표를 실행과 성과에 둔다.
> '이 아이디어를 어떻게 실행하면
> 교회가 사회를 변화시킬 수 있을까?'라고 묻는 것이다.
> 우리는 기본적으로 이런 질문을 한다.
> "하나님은 지금 무슨 일을 하고 계시는가?
> 우리도 그 일을 하려면 어떻게 해야 하는가?
> 그다음은 무엇인가?"

에 참석했다. 곧 한 예배에 평균 '단' 401명이 참석한 셈이다. 마찬가지로 마스힐 교회의 각 부활절 예배 평균 출석 인원은 479명이었다. 대형교회들은 성장할수록 친밀감을 높이는 방법을 찾는다. 즉, 대형교회의 다음 혁신은 다시 작아지는 것인지도 모른다.

　교회 성장은 주로 대도시와 교외를 중심으로 이루어진다는 게 교계의 통념이다. 3막에서는 교회가 중소 도시에서 성장하는 것인지도 모른다. 성장하는 교회들이 곳곳에서 나타난다는 것은 놀라운 추세다. 나는 아내와 함께 농장에서 텍사스 주 타일러까지 40킬로미터를 운행하는 동안 도시에 있는 대형교회의 캠퍼스를 다섯 개나 보았다.

리더십 네트워크에서 하는 일은 관찰하고 배우고 혁신한 뒤 그리스도의 교회에서 곧 일어날 큰일에 종자가 될 자원을 제공하는 것이다. 나는 협력센터의 내 사무실에서 복도까지 3미터만 걸으면 초대형교회 리더들을 만날 수 있다. 우리는 한 해에 50회 이상 목사들과 교회 리더들을 댈러스로 모아 서로에게서 배운다. 우리는 또한 리더 10~12명이 정기적으로 모여 꿈꾸고 창조하고 아이디어를 실행해 구체적인 성과를 내는 '리더십 공동체'를 운영한다. 우리는 피터의 영향을 받아 모든 일의 목표를 실행과 성과에 둔다. '이 아이디어를 어떻게 실행하면 교회가 사회를 변화시킬 수 있을까?'라고 묻는 것이다. 우리는 기본적으로 이런 질문을 한다. "하나님은 지금 무슨 일을 하고 계시는가? 우리도 그 일을 하려면 어떻게 해야 하는가? 그다음은 무엇인가?" 근래에 짐 콜린스는 우리 모임에서 강연한 후 나에게 쪽지를 주었다. "여기는 세상에서 가장 멋진 사람들이 모인 곳입니다." 나는 한마디만 했다. "피터 선생님, 고맙습니다."

기업과 교회에 대한 내 경험에 비추어보면 조직은 자연스럽게 '동맥 경화'에 걸려 제도화하고, 매우 빨리 변하는 소비자층의 필요에 적응하기보다 내부 직원의 필요에 집중하는 경향을 나타낸다. 멀티사이트 시설이든 단일 시설이든 초대형교회는 조직을 유지하는 일보다 사람들의 필요에 집중했기 때문에 성공했다.

피터는 이런 대형교회의 '동맥'을 튼튼하게 만드는 완벽한 강장약이었다.

그것은 나에게도 마찬가지였다.

12.
유기체 관계에서
배운다

"자네와 자네 친구들을 통해 나는 노년에 새롭고 중
요한 영감과 소망, 효용이 있는 초대형교회를 얻었
어. 이것이 내게 얼마나 큰 의미가 있는지, 내 인생
에 얼마나 큰 영향을 끼쳤는지 자네는 상상하지 못
할 걸세."

—피터 드러커

1997년《월간 애틀랜틱》편집자 잭 비티는 자신이 집필하는《피터 드러커가 사는 세상》(*The World According to Peter Drucker*)을 위해 두 시간 동안 나를 취재했다. 텍사스 주 출신인 나조차도 흥분했고 출간을 기다리면서 조금은 우쭐대기도 했다. 내가 자세히 설명한 말이 전부 책에 나오지 않는다는 것쯤은 알았지만 일류 저널리스트가 두 시간 동안 취재했으니 도발적인 내용이 적잖이 나오리라 기대했다. 마침내 책이 출간되었고, 나는 구입하자마자 서둘러 책장을 넘기며 내가 말한 부분을 찾아봤다. 내가 피터에 대해 말한, 누구도 반박할 수 없는 사실들은 겨우 네 단어로 축약되어 있었다. "그는 머리이고 나는 다리이다."

간신히 정신을 수습한 뒤 나는 그 네 단어가 우리의 특별한 관계를 정확히 묘사했다는 생각을 했다. 피터는 나를 비롯한 여러 사람에게 세상이 작동하는 방식에 관한 폭넓은 지식을 전수했고, 나는 그 지식을 처음에는 회사에, 그다음에는 대형교회에 적용했다. 그는 자신의 생각으로 나를 자극했고 나는 피터의 가르침에 따라 실행 계획을 세우고, 자주 남들의 도움을 받아 그 계획을 실행했다. 회사나 비영리 단체를 경영하

《이코노미스트》는 피터의 부고를 실으면서,
그는 "읽히지 않는 문장으로 사소한 주제의 논문을
쓰는 학계의 클론들"과 다르다고 언급했다.
그는 교수들의 칭찬을 받기 위해서가 아니라,
경영 실무자들을 위해서 왕성한 저술 활동을 펼쳤다.

는 일에 대해 내가 아는 모든 것은 피터에게서 배웠기 때문에 내 아이디어가 독창적이라는 생각을 하지 않게 되었다. 앞에서 썼듯이, 그리고 수없이 말했듯이 나는 어느 게 내 아이디어이고 어느 게 피터의 아이디어인지 구분하는 일을 오래전에 그만두었다.

비티는 피터에 대해 "사상가이지 학자가 아니다. 무엇보다 그는 스승이다"라고 적었다. 이 말에는 단어의 의미 차이보다 더 큰 차이가 있다. 피터는 결과를 중시했다. 내가 첫 저서《하프타임》을 쓸 때도 "실행을 위해 쓰라"고 지도했다. 《이코노미스트》는 피터의 부고를 실으면서, 그는 "읽히지 않는 문장으로 사소한 주제의 논문을 쓰는 학계의 클론들"과 다르다고 언급했다. 그는 교수들의 칭찬을 받기 위해서가 아니라, 경영 실무자들이 읽고 더욱 생산적인 조직을 만드는 지식을 익혀 온전한 사회에 기여하게 하려고 왕성한 저술 활동을 펼쳤다. 그는 광범위한 영향력을 끼쳤다. 1980년대 미국 기업의 약 4분의 3은 1946년에 출간된 《기업의 개념》에서 피터가 옹호한 분권화를 채택했다.

그리고 특별히 내가 인생 후반전을 되도록 의미 있게 살고자 지혜를 찾는 중에 그는 나를 가르쳤다. 그는 내가 일하는 분야의 맥락을 놀랍도록 깊이 이해했고, 자신이 기업인들을 위해 만든 다섯 가지 기본 물음을 나에게 맞춰 바꾸어주었다.

- 이 세상에서 내 직분은 무엇인가?
- 내 고객은 누구인가? 내가 섬기고 싶은 사람은 누구인가?
- 그들의 가치는 무엇인가?
- 나는 그들을 위해 지금껏 어떤 성과를 내었는가?
- 앞으로 계획은 무엇인가?

솔직히 나는 피터 같은 스승이 없었다면 내 소명을 좇아 새로운 기업 영역으로 한 발도 들여놓지 못했을 것이다. 나는 필요 없는 사람은 아무도 없다고 믿었고 지금도 그렇게 믿는다. 때로 교인들이 말하듯이 성령은 그분이 원하는 대로 움직이신다. 피터와 내가 다른 일을 선택하고 거기에 자원을 투자했다면 확실히 하나님은 다른 사람을 세워 성공적인 대형교회를 통해

하실 일을 이루셨을 것이다. 하지만 나는 클레어몬트의 자택에서 피터를 처음 만난 이후, 상상한 것 이상으로 함께 교류하고 성장한 것을 떠올리면 지금도 놀라울 따름이다.

피터가 나에게 한 일

전적으로 피터의 위상 덕분에 비즈니스 미디어는 초대형교회를 돕는 그의 행보에 주목했을 뿐 아니라 미디어가 전혀 모르는 세계에서 그가 오랜 시간을 보낸다는 사실에 순수한 호기심을 나타내기도 했다. 2002년 잡지 《잉크》(Inc.)는 내 스승이 된 피터에 관한 글을 실었다. "최고의 스승"(The Uber Mentor)이라는 적절한 제목의 글에서 나는 오랫동안 스승으로서 영향력을 끼친 피터의 아홉 가지 특징에 대해 설명했다.

1. **그는 지형을 조망해주었다.** 그는 나에게 후반전의 지침이 될 네 가지 '지평'을 보여주었다. 중년은 성공보다 의미를 찾는다. 사람들에게 선택권이 있다. 이것은 20세기에 일어난 최대의 변화일 것이다. 비영리 단체는 선의에만 매달릴 게 아니라 성과를 내기 위해 경영할 필요가 있다. 대형교회가 성장하려면 조직 관리가 필요할 것이다.
2. **그는 기회, '여백', 곧 지금 필요한 일에 대해 설명했다.** 나는 피터

나는 피터 덕분에 '바깥에 집중하는 교회'가
중요한 사회적 기회라는 점과
그런 교회들이 지역사회를
더욱 효과적으로 섬기는 교회가 되도록
리더십 네트워크에서 도울 수 있다는 점을 깨달았다.

덕분에 '바깥에 집중하는 교회'가 중요한 사회적 기회라는 점과 그런 교회들이 지역사회를 더욱 효과적으로 섬기는 교회가 되도록 리더십 네트워크에서 도울 수 있다는 점을 깨달았다. 우리는 경영학과 조직 관리를 배우고 연구하여 사역에 적용하겠다는 교회 리더들을 발굴해 훈련을 제공하기로 했다. 그러고는 점점 더 많아지는 동료 사역자들을 그런 교회들에서 가르칠 수 있게 돕기로 했다.

3. **그는 내 강점과 역량이 무엇인지 알았다.** 나는 내 강점이 인내심과 돈인 줄 알았다. 피터는 고개를 저었다. "자네 강점은 사물의 구조를 파악하는 능력이야."

4. **그는 내가 일하는 '산업'의 신화, 잘못된 길, 부정확한 전제에 대해 설명했다.** 비영리기관에서 일하는 사람들은 자신을 선의만 있어도 충분한 마이너리그 소속으로 여기는 경향이 있는데 피터는 그런 사실에 대해 알고 있었다. 그래서 그는 나에게 교회와 다른

밥 버포드, 피터 드러커에게
인생 경영 수업을 받다

사람들과 일할 때 성과 기준을 높여야 한다고 강조했다.

5. **그는 '해보라'고 용기를 북돋았다.** 피터는 활동가였다. 큰 꿈을 가슴에 품고만 있지 말고 실행하라고 했다. 그는 대형교회에 유능한 리더십이 필요하다는 것을 보여주는 데 그치지 않고 (프레드 스미스의 도움을 받아) 리더십 네트워크를 세워보라고 용기를 북돋았다. 비영리 단체에 효과적인 경영 능력이 필요하다는 것을 알았을 때는 프랜시스 헤셀바인과 함께 피터드러커 비영리경영재단을 설립했다. 그리고 나에게 제2의 인생이 있다는 것을 알았을 때는 '하프타임'에 들어갔고, 지역사회를 바꾸는 후반전 기업가들의 운동을 일으킨 책과 조직이 탄생했다. 피터의 격려가 없었다면 모든 일은 꿈에 머물러 있었을 것이다.

6. **그는 정확한 전략을 세워주었다.** 피터가 내 옆에서 귀중하고 실용적인 지혜를 말해주지 않았더라면 나는 몇 년 동안 제자리걸음만 했을 것이다. 가장 중요한 일을 꼽자면 피터는 교단과 신학교와 손잡지 말고 대형교회 개척자들에게만 집중하라고 격려했다.

7. **그는 성과를 칭찬했다.** 천하의 피터 F. 드러커가 "목회적 초대형교회는 확실히 지난 30년 동안 미국 사회에서 일어난 가장 중요한 사회 현상이다"라고 말하는데(게다가 이 말을 《포브스》에서도 반복하는데) 어떻게 자극이 되지 않겠는가? 게다가 그는 이런 말도 했다. "밥, 자네는 자네가 아는 것보다 훨씬 더 많은 일을 성취했어." 그는 무턱대고 칭찬하는 법이 없었다. 그의 칭찬을 들으면 나는 늘 내

일의 성과, 곧 피터와 내가 같이 바라는, 사람의 변화에 집중했다.

8. **그는 헛된 수고를 지적했다.** 나는 피터 덕분에 '멈출' 수 있었다. 그는 간단하게 말했다. "죽은 말에서는 내려와." 일에 효과가 없으면, 성과가 예전만 못하면, 나는 하던 일을 멈추고 더 유망한 기회를 찾아 자원을 투자한다.

9. **그는 (다정하게) 책임을 물었다.** 피터는 무척 친절했지만 '방향 교정'이 필요하다 싶으면 단호했다. 한번은 그가 나에게 말했다. "자네가 그 일을 할 줄 몰라서 성과가 없는 것인지도 몰라." 직접 배우든지 다른 사람에게 넘기라는 뜻이었다. 나는 끊임없이 혁신할 수밖에 없었다.

열두 사도를 제외하면 나보다 더 좋은 스승을 모신 사람은 없을 것이다.

몇 년 전 나는 친구 조지프 마시아리엘로에게 내가 피터를 정기적으로 만나면서 녹음한 100시간이 넘는 기록을 체계적으로 정리해달라고 부탁했다. 조는 피터와 책 두어 권을 함께 작업했고, 클레어몬트 대학교에서도 함께 가르쳤다. 그는 《CEO가 잃어버린 단어》(비즈니스맵) 공저자이기도 하다. 조는 무엇보다도, 피터가 스승이 되어 가르치지만 피터 스스로 가르치는 학생에게서 배우기를 주저하지 않는다는 점을 발견했다. 조의 날카로운 통찰에 따르면, 대형교회에 대한 상담이 시

작되었으나 초대형교회 운동에 대해 아는 게 많지 않자, 피터
는 자신이 익숙하지 않은 현상에 대해 나에게 배운 것이다.

조는 피터와 나의 관계를 조사하면서, 우리가 함께 공들여
보낸 '작품' 같은 시간에 대해서도 알게 되었다. 이를테면 그
는 내가 피터의 팔순 잔치를 축하하기 위해 주문한 작품을 찾
아냈다. 캘리그라퍼 아티스트 티모시 보츠가 아름다운 그래픽
으로 피터를 표현해 근사한 액자에 담은 그림이다. 손 모양을
교차하듯 짜 맞춘 그림 밑에 피터의 유명한 세 가지 물음을 적

었다. 고객은 누구인가? 고객의 가치는 무엇인가? 우리는 어떤 사업을 하는가? 피터는 그림을 보더니 강한 오스트리아 억양으로 말했다. "내가 이렇게 살았어."

팔순 잔치 손님 명단은 피터의 영향을 받은 여러 훌륭한 인물들에게 그 자체로서 찬사였다. 인텔 공동창업자이자 최고경영자 앤디 그로브, 일렉트로닉 데이터 시스템스 최고경영자에서 페롯비즈니스시스템스 최고경영자가 된 모트 마이어슨, 대통령 조지 W. 부시 보좌관이자 자원봉사실 실장인 C. 그렉 피터스마이어, 서비스마스터 최고경영자 C. 윌리엄 폴라드, 구세군 사령관 제임스 오스본 외에 재계와 정부, 비영리 부문의 여러 리더가 잔치에 참석했다. 나는 미국 걸스카우트 총재를 거쳐 드러커재단 대표를 맡고 있던 프랜시스 헤셀바인의 도움을 받아 뉴욕 시에서 잊지 못할 잔치를 열었다. 잔치명은 "피터 F. 드러커와 보내는 하루, 팔순 잔치"였다.

댈러스로 돌아온 나는 며칠 후 피터가 보낸 편지를 받았다. 타자기로 친 뒤 오타를 손수 고친 글이었다. 피터는 세상에서 가장 공손한 사람일 것이다. 나는 비슷한 격려 편지나 감사 편지를 받는 것에 익숙해졌다. 그는 모든 인간관계에서 인간적인 면을 결코 놓치는 법이 없고 남들의 공로를 인정했다.

하지만 이번 편지는 달랐다. 생일잔치에 대한 고마움에 덧붙여 그가 한 말은 지금도 나를 겸허하게 만든다. 최고의 사제 관계에서는 스승도 모르는 것이 있으면 기꺼이 학생에게 배운 다는 조의 견해를 뒷받침했다. 피터의 가르침과 우정 덕분에 내 인생은 상상할 수 없을 만큼 풍요로웠다. 더욱 의미 있는 인생을 찾기 위한 내 노력이 피터에게 조금이나마 영향을 끼쳤다는 것은 평생 공부하는 사람은 어떤 사람인지를 잘 보여준다. 피터가 쓴 편지의 일부를 공개한다.

하지만 무엇보다 밥 자네가 나를 위해, 지난 15년여 내 인생의 세 번째 '후반'을 위해 해준 일에 깊이 감사하네. 자네와 자네 친구들을 통해 나는 노년에 새롭고 중요한 영감과 소망, 효용이 있는 초대형교회를 얻었어. 이것이 내게 얼마나 큰 의미가 있는지, 내 인생에 얼마나 큰 영향을 끼쳤는지 자네는 상상하지 못할 걸세. 어마어마하게 중요한 자네의 일에 작게나마 도울 수 있도록 기꺼이 허락해줘서 내가 큰 빚을 졌어. 자네가 보내준 무한한 신뢰와 우정이 나에게 얼마나 소중한지를 어디서부터 말해야 할지 모르겠네.

따뜻한 애정과 고마움을 담아

피터 드러커

그때 그는 '세 번째 후반'이 15년 동안 더 지속되리라는 것을 몰랐다. 그의 영향력에 힘입은 대형교회들이 더욱 효과적으로 하나님을 전하고 사람들이 그분을 더욱 친밀하게 사귈 수 있도록 혁신과 실험, 변화를 계속하리라는 것을 몰랐다. 그런 교회들이 예배당 담장 바깥으로 나가 지역사회를 위해 수백만 시간을 들여 일하게 되리라는 것을 그는 몰랐다.

13.
참된
소명자의 삶

"인류는 영적 가치로 돌아가야 한다. 긍휼이 필요해
서다. 모든 고등 종교가 가르치는, 너와 내가 하나라
는 깊은 체험이 필요하다."

—피터 드러커

'현대 경영학의 아버지'인 줄 알았던 피터가 빌 하이벨스, 릭 워렌, 밥 버포드 같은 사람들과 어울리는 것을 본 이들은 묻지 않을 수 없었다. "피터가 그리스도인이었어?"

우리가 만나기 시작한 초기에 그 물음은 나에게 실존적인 면에서 전혀 중요하지 않았다. 그는 지상에서 가장 믿음직하고 훌륭한 사상가였기 때문에 나는 그의 조언을 구했다. 나는 피터를 만나 그와 친구가 되기 전부터 피터의 글을 읽으면 마음이 통하는 것을 느꼈다. 내가 소중히 여기는 것을 똑같이 소중히 여기는 사람. 그가 유대기독교에서 가르치는 정직, 정정당당한 행동, 긍휼, 예절 같은 것에 헌신하는 것을 보았어도 나는 그가 어떤 종교를 믿는지 한 번도 생각해본 적이 없었다. 나는 내 신앙이 아니라 내 사업을 위해 피터의 조언을 구했다.

내 믿음 체계는 폭넓은 복음주의에 속한다고 말하는 게 정확하겠지만 나는 남들을 신자로 만들 목적으로 내 신앙을 전하는 '전도'에 대해 편안하게 느낀 적이 없었다. 내성적인 성격 탓도 있지만 나는 늘 말보다 행동이 믿음에 대해 훨씬 더 많은 것을 말한다고 믿는다. 성 프란체스코의 말마따나 "늘 복음을 전하라. 불가피한 경우 말로 전하라"라는 게 내 신조다.

밥 버포드, 피터 드러커에게
인생 경영 수업을 받다

그래서 초기에 나는 피터에게 내 기독교 신앙에 대해 거의 언급하지 않았고 피터도 자신의 종교적 신념에 대해 밝히지 않았다. 하지만 인생의 변화가 필요하다며 '조용히 속삭이는 음성'이 들리기 시작했을 때, 피터에게 그 이야기를 하는 것은 이상하지도 어색하지도 않았다. 오히려 우리에게 전혀 새로운 지평이 열렸다. 피터가 비영리 부문에 관심을 두게 된 것은, 우리가 이 시대에 자신과 남을 위해 보람된 인생을 살아야 할 필요가 절실하다는 믿음 때문이었고 내가 하고 싶은 일도 정확히 그런 일이었다.

피터를 만난 지 3~4년쯤 되었을 때 나는 정말 중요하게 여기는 다른 일에 대해서도 이야기할 수 있을 만큼 그와 친해졌다는 느낌이 들었다. 내 인생에서 가장 중요한 한 가지는 내가 책임을 다해야 하는 하나님의 부르심을 발견하여 받는 것이다. 나는 그 주제를 꺼낼 자신이 부족했지만 피터의 집에서 그리즈월드로 점심을 먹으러 걸어가면서 불쑥 물었다. "선생님, 그리스도인이세요?"

"나는 키르케고르인이야." 피터는 열여덟 살 때 덴마크 신학자 쇠렌 키르케고르의 글을 독일어로 번역하면서 깊은 영향을 받았다고 설명했다. "하지만 그 후로 종교적인 면이 희박해졌어."

나는 그가 무슨 말을 하는지 아는 것처럼 가만히 듣고 있었

서로의 신앙에 관한 이야기는 이때가 처음이었지만
이후로 사업뿐 아니라 종교에 관한 이야기도
많이 하고 결국 나는 제2의 인생을 시작했다.

지만 물론 모르는 내용이었다. (구글이 있기 전이라) 백과사전을 찾아 읽으며 키르케고르가 교회에 대해 지극히 냉소적이었지만, 자율적인 인간으로서 뜨거운 신앙을 품은 덴마크의 기독교 실존주의자라는 것을 알게 되었다. 그는 "그리스도인이 된다는 게 무슨 뜻인지도 모르고 그리스도인이 되는 것"을 사람들에게 가능하도록 하는 국가 교회를 맹비난했다. 그리고 희박해졌다는 말은 약해졌다는 뜻이다. 서로의 신앙에 관한 이야기는 이때가 처음이었지만 이후로 사업뿐 아니라 종교에 관한 이야기도 많이 하고 결국 나는 제2의 인생을 시작했다.

1987년 외동아들 로스가 세상을 떠난 직후, 나는 친구 네 사람과 같이 전용기를 타고 콜로라도 주를 떠날 예정이었다. 하지만 나는 마지막에 마음을 바꾸어 콜로라도 주에서 하루를 더 보내기로 했다. 그런데 그 비행기가 추락하는 바람에 네 친구가 모두 사망하는 비극적인 사고가 일어났다. 나는 충격으로 심신이 황폐해지고 쇠약해졌다. 나는 피터를 찾았다. 여생을 어떻게 보내야 할지 모르던 나에게 그는 결정적인 말을 남겼다. "자네는 지금 죽음에 대해 강하게 느끼고 있을 거야. 하지만 자네는 살아야 할 날이 25년, 아니 그 이상 남아 있어. 자네 인생에서 무엇과도 바꿀 수 없는 25년이 될 거야." 곧 '우뚝 일어나 할 일을 하라'는 뜻이었다.

내가 대형교회 목사들과 함께 일하고 싶다는 뜻을 밝힐 때 피터는 대형교회에 대해 잘 알고 있던 게 분명했다. 어느 상담에서 그는 내 생각을 명확하게 정리해주었다.

자네는 독특한 기회를 포착한 것 같아. '영적 부흥'에 대한 얘기를 했는데 나는 그렇게 대단한 표현을 쓰고 싶지는 않아. 하지만 확실히 복음주의자들은 새로운 풍조를 만들고 있어. 그들은 현대에 통하는 교회를 세우고 있어. 미국 사회의 다수, 적어도 소수의 지도자들은 학식과 전문성이 아주 높으면서도 내세, 물질에서 얻을 수 없는 것, 세상의 성공 이상으로 다른 것이 필요하다는 인식이 점차 강해지고 있어. 복음주의자들은 이런 사회 현실에 꼭 맞는 교회를 세우고 있어. 초대형교회들이 빠르게 성장하고 발전하고 있으니 그런 교회의 목사와 리더에게 리더십, 조직 관리, 경영학을 가르칠 조직도 꼭 있어야지.

그러고는 조너선 에드워즈와 조지 휘트필드가 이끈 1차 대각성과 리만 비처와 찰스 피니가 활동한 2차 대각성을 언급하며 교회사에 대해 이야기했다. 나는 역사적·영적 운동이 일어난 시기의 사회적 필요와 오늘날의 사회적 필요를 대조하는 그의 이야기를 들으면서 생각했다. '경영 컨설턴트치고 종교에 대해 아는 게 많은데!' 하지만 내가 이미 알고 있었듯이 피터는 단순한 '경영 컨설턴트'가 아니었다. 그는 모든 학문을 섭렵할 만큼 호기심이 강했다. 그는 나에게 가장 좋은 공부법은 가르치는 것이라고 말했다. 피터는 미국사, 일본 미술, 통계학은 물론 종교까지 모든 것을 가르쳤다.

피터는 온전한 사회를 꿈꾸었다. 그는 교인들이 신앙을 바르게 실천하는 기독교를 우군으로 여겼다. 기독교든 다른 종교든 신앙에 대한 헌신은 개인과 사회, 국가의 윤리적·도덕적 건강에 기여했다. 1957년에 출간된《내일의 이정표》(*Landmarks of Tomorrow*)에서 피터는 이렇게 적었다. "사회는 영적 가치를 회복해야 한다. 물질을 보완하기 위해서가 아니라 물질을 충분히 생산적으로 쓰기 위해서다. … 인류는 영적 가치로 돌아가야 한다. 긍휼이 필요해서다. 모든 고등 종교가 가르치는, 너와 내가 하나라는 깊은 체험이 필요하다."

피터를 '기독교화'하려는 사람들은 그가 신자이기 때문에 초대형교회 목사들과 협력했다고 말하고 싶어 할지도 모른다. 결국 기업들을 상대로 컨설팅을 하면 큰돈을 벌 수 있는 사람

피터가 대형교회 목사들이 하는 말을
모두 믿었는지는 알 수 없지만 사회에 긍정적이고
지속적인 영향력을 끼칠 그들의 가능성은
전적으로 믿었다. 그는 대형교회들이 미국 기독교에
새로운 활력을 불어넣고, 공공 부문과 민간 부문이
해결할 수 없던 사회 문제를
성공적으로 해결하는 미래를 통찰했다.

이 일생의 마지막 20년 동안 왜 빌 하이벨스, 릭 워렌, 밥 버포드 같은 사람들에게 시간을 쏟았겠는가? 피터가 대형교회 목사들을 선택한 것은 그들의 복음주의 신학과 교리를 공유했기 때문이라고 생각하면 확실히 좋겠지만, 피터는 그런 것에 끌린 것이 아니었다. 피터는 튼튼한 기반에 지으라는 자신의 조언에 스스로 충실했을 따름이다. 해마다 교인이 수천 명씩 떠나는 주류 교단과 내가 손잡고 하는 일을 도와달라고 청했더라면, 피터는 분명 정중히 거절했을 것이다.

피터가 대형교회 목사들이 하는 말을 모두 믿었는지는 알 수 없지만 사회에 긍정적이고 지속적인 영향력을 끼칠 그들의 가능성은 전적으로 믿었다. 그는 대형교회들이 미국 기독교에 새로운 활력을 불어넣고, 공공 부문과 민간 부문이 해결할 수 없던 사회 문제를 성공적으로 해결하는 미래를 통찰했다. 그는 초대형교회를 가리켜 이렇게 말하기까지 했다. "미국 사회에서 제대로 작동하는 유일한 조직이다."

내가 아는 한 피터는 자신이 영향을 끼친 윌로우크릭 교회나 새들백 교회를 비롯한 대형교회에 참석한 적이 한 번도 없다. 그는 일요일이면 도리스를 데리고 클레어몬트에 있는 작은 성공회 교회에 자주 참석했다. 그는 신구약 성경 지식에 밝았고 강연에서 성경의 본문과 가르침을 인용하기도 했다. 그는 성경을 잘 알았고 나에게도 성경을 더욱 열심히 공부하라고 격려했다.

한번은 내가 케이블 TV 회사 사장에서 어떻게 초대형교회 리더들을 돕는 사람으로 변모했는지 피터와 함께 숙고한 적이 있는데, 우리는 기회와 필요가 절묘하게 맞아떨어졌다는 데 고개를 동시에 끄덕였다. 피터는 말했다. "나는 마케팅에서 가장 중요한 것은 흠정역 성경에 있는 아름다운 표현과 같다고 항상 말해. '때가 차매.' 자네의 경우도 마찬가지야. 기회는 준비한 사람에게 찾아오는 법이지."

앞에서 말했듯이 나는 피터를 복음주의 그리스도인으로 미화할 뜻이 없다. 그는 그런 사람이 아니었다. 기독교의 특정한 부분을 존중하고 높이 평가했지만 그는 분명히 외부인으로서 관찰하고 상담했다. 자신의 믿음을 내비치지 않는 신실한 제자. 나는 피터에 대해 자주 그렇게 말했다. 그는 지역교회에 충실하고 그곳의 리더들을 따랐지만 여러 종파의 리더들을 만나 상담했다.

세상을 떠나기 직전, 피터는 전국 라디오 방송 〈온 포인트〉의 진행자 톰 애쉬브룩의 회견 요청을 허락했다. 그게 피터의 마지막 회견이 될 줄은 몰랐다. 45분에 가까운 열띤 대화 끝에 애쉬브룩은 하나님에 대한 질문을 하지 않을 수 없었다.

"피터 드러커 선생님, 마지막으로 묻겠습니다. 제가 욕심이 많다고 생각지 말고 잘 말씀해주시면 감사하겠습니다. 선생님은 지금껏 인생을 어떻게 살아야 하는지 치열하게 연구하면서 사셨습니다. 이제 아흔다섯 살이 되셨는데, 내세에 대해서는 어떻게 생각하십니까? 또한 하나님에 대해서는 어떻게 생각하십니까? 필연적으로 다가오는 변화에 대해 어떻게 생각하십니까?"

피터는 망설임 없이 대답했다.

"나는 매우 보수적이고 전통적인 그리스도인입니다. 그거면 됩니다! 그리고 나는 거기에 대해 생각하지 않습니다. 나는 들었습니다! 내가 할 일은 거기에 대해 생각하는 게 아닙니다. 내가 할 일은 '예!'라고 말하는 겁니다."

"제 마음이 놓입니다." 애쉬브룩은 말했다.

"물론입니다. 그리고 나는 매일 아침저녁으로 말합니다. '아름다운 세상을 만드신 하나님을 찬양합니다. 아멘.'"

피터는 특히 종교에 대해서는 사람들을 불편하게 만들지 않았다. 그는 종교적 편견을 가지고 있다든지 특정 분파를 편애한다는 인상을 남들에게 주면 자신의 주목적을 이루는 데 방해가 된다는 점을 알고 있었다. 피터는 복음을 전하는 일은 자신이 할 일이 아니라고 생각했다.

피터의 사명은 사회를 구원하는 것이었다.

14.
나의 결실을
다른 사람이 맺게 하라

"이제 우리가 하겠습니다."

―존 바크먼

나에 대해 어떻게 생각하는지 나를 잘 아는 사람들에게 물어보면 칭찬이든 아니든 무어라 말은 하겠지만, 나에 대해 비관적이라고 할 사람은 아무도 없을 것이다. 침울한 운명 따위는 결코 내 전공이 아니다. 나는 대체로 세상의 멸망을 주장하는 사람들은 만나지 않는다. 나는 현실적인 사람이지만 실패보다는 성공에 초점을 맞추는 편이다. 반대하는 것보다는 찬성하는 것을 더 좋아한다. 이것은 기업가에게 꼭 필요한 자질일 텐데, 나는 피터의 격려를 받은 덕분에 바른 전략으로 조금만 일하면 아주 큰 성과를 거둘 수 있다고 강한 확신을 갖게 되었다.

하지만 미국 기독교가 쓰지 않고 있는 힘을 흔들어 깨우는 일을 맞닥뜨리자, 내 영혼은 점차 긴박감이 강해졌다. 우리는 피터의 영향력이 어느 때보다 절실하게 필요하다. 내가 소망을 찾는 곳은 비영리 부문이다. 피터는 나에게 세상에서 가장 효과적인 조직은 비영리 기관이라고 말한 적이 있다. 그는 비영리 조직을 잘 운영하면 사람의 필요를 가장 잘 충족할 수 있고 고통을 줄일 수 있다고 믿었다. 아울러 이런 조직은 성취감과 시민 의식에 굶주린 자원봉사자들의 필요도 채워준다. 그

피터는 나에게 세상에서 가장 효과적인 조직은
비영리 기관이라고 말한 적이 있다.
그는 비영리 조직을 잘 운영하면 사람의 필요를 가장
잘 충족할 수 있고 고통을 줄일 수 있다고 믿었다.

는 초대형교회를 연구하면서 그 같은 점을 보았다. 그 점에서 피터는 사회를 구원할지도 모를 수단을 발견했다. 적어도 잘 운영되는 비영리 조직들과 협력하면 온전한 사회의 완성에 기여할 수 있었다.

피터가 비영리 공동체를 열정적으로 껴안았기 때문에 나는 프랜시스 헤셀바인, 존 맥니스, 리처드 슈버트와 함께 1990년에 피터드러커 비영리경영재단을 설립했다. 프랜시스와 딕과 나는 피터가 자신의 이름으로 연구소를 세우는 것을 선뜻 허락하지 않을 것을 알았다. 우리는 어느 날 허름한 그리즈월드 호텔에서 피터에게 깜짝 공개를 하기로 했다. 우리는 종이와 펜을 잔뜩 들고 밑그림과 노형을 그리면서 준비한 끝에 피터의 아이디어를 바탕으로 비영리 단체의 운영을 훌륭하고 효과적으로 도울 수 있는 방법을 완성했다.

그날 오후 우리가 준비한 계획을 밝히자, 예상대로 피터는 새로운 재단에 자신의 이름이 들어가는 것을 반대했다. 우리의 노력이 물거품으로 돌아가자 우리는 모두 어깨를 한번 으쓱하고 피터를 따라 집으로 갔다. 우리가 저녁을 먹으면서도 피터의 이름이 들어간 재단의 미래에 대해 논의하자, 도리스는 갑자기 "안 돼요. 그렇게 하면 안 돼요"라고 말했다. 나는 우리가 헛수고를 했다고 느꼈다.

하지만 저녁 늦게 우리는 희망의 불씨를 보았다. 피터의 딸 캐슬린이 나에게 와서는 조용히 말했다. "걱정하지 마세요. 늘 이런 식이에요. 계획대로 진행하세요. 문제없을 거예요." 이튿날 그리즈월드 호텔의 회의실에서 재단에 관한 계획을 정리하고 있는데, 피터가 나타나 캐슬린의 확신을 뒷받침했다. 그가 웃으며 말했다. "좋아. 도리스와 내가 이사를 맡을게."

사회를 구하는 백만 기관

걸스카우트 총재직에서 막 은퇴한 훌륭한 리더 프랜시스는 드러커재단에서 무보수 사무총장으로 몇 년 동안 일했다. 나는 설립이사장이 되었다. 프랜시스가 간추린 재단의 목적은 비영리 기관을 제대로 경영하면 사회에 기여할 수 있다는 피터의 믿음을 잘 반영하고 있다. "우리는 응집력이 있고 포괄적인 사회가 믿는 미래상, 곧 건강한 자녀, 든든한 가정, 훌륭한 학교,

정다운 마을을 이루고자 하는 사회 부문 백만 조직을 헌신적으로 돕는다."

예사롭지 않게 출범한 재단은 1만 1,000명이 넘는 비영리 단체 리더를 교육했고 실무자 1,500명에게 간사 교육을 제공했다. 또한 사회 부문 리더를 위한 리더십, 경영, 혁신, 변화에 관한 책 13권과 4개의 동영상 출판도 총괄했다. 2003년, 재단은 다큐멘터리 〈피터 F. 드러커: 지적 여행〉을 제작해 CNBC에서 방송했다. 재단 이름을 '리더투리더'(Leader to Leader)로 바꾼 후 다시 프랜시스헤셀바인 리더십연구소로 개명한 재단은 근년에 기업 중역들을 대상으로 사업을 확장하고 웨스트포인트의 육군사관학교와도 관계를 돈독히 했다.

한편으로 나는 그동안 정치와 일정한 거리를 유지했지만 내 친구 피터를 위해 로비 활동을 한번 하기로 했다. 피터가 세상을 떠나기 몇 년 전, 도리스는 나에게 말했다. "밥, 그이는 가까운 친구로 세 사람을 두고 있어. 밥 버포드와 밥 버포드와 밥 버포드야." 물론 피터는 친구가 많았지만 도리스는 어느 누구보다 솔직한 부인이기 때문에 그녀의 말은 신빙성이 있었나. 사업으로 만난 사이였지만, 내 아내를 제외하면 그는 내가 다시 얻지 못할 가까운 친구가 되었다.

사회에뿐만 아니라 내 인생에까지 공헌한 피터에게 고마움을 전하기 위해 안면이 있는 전 주지사의 작은 정치적 밑천을 사용해보기로 했다. 그 주지사는 미국의 제43대 대통령 조지 W. 부시였다. 나는 피터가 민간인 최고의 영예인 '대통령자유 메달'을 받을 자격이 있다고 말해볼 계획이었다. 수상자는 늘 대통령이 결정했다. 나는 부시를 잘 몰랐지만 나를 '바비 보이'라는 별명으로 부르는 사이는 되었다. 정치인들은 기억해야 하는 이름이 많을 것이다. 그는 별명을 붙여서 사람을 기억하는 듯했다.

별명이 있든 없든 나는 대통령에게 전화를 걸어 부탁을 할 위치도 아니었고 대통령의 휴대전화 번호도 몰랐다. 하지만 다행히도 댈러스에서 내가 속한 작은 모임에 클레이 존슨이 있었다. 그는 예일 대학교 시절 부시 대통령의 룸메이트였고, 대통령이 중요한 자리에 사람을 선발할 때 조언을 부탁하는 사람이었다. 그래서 나는 클레이에게 연락해 자유메달 후보자로 피터를 추천했다. 피터는 2002년 메달 수상자 12인에 들어갔고 대통령은 그를 수상자로 선정했다.

린다와 나는 피터와 그의 가족, 몇몇 친구들과 함께 백악관에서 열린 근사한 시상식에 초대받았다. 시상식 앞줄에 앉아 있던 콘돌리자 라이스와 콜린 파월을 비롯하여 워싱턴의 명사들도 참석했다. 대통령은 탁자 뒤에 서서 수상자를 한 사람씩 단상으로 불렀다. 수상자를 호명한 군인이 간단한 소개를 마치면 대통령은 수상자 목에 메달을 걸었다. 행크 아론, 빌 코

스비, 플라시도 도밍고, 캐서린 그레이엄, 세계보건기구의 D. A. 헨더슨, 작가 어빙 크리스톨, 넬슨 만델라, 인텔의 고든 무어, 낸시 레이건, 프레드 '미스터 로저스' 로저스, A. M. 로젠탈.

내가 보기에 피터는 수상자 12인에 들기에 손색이 없었고 누구보다 뛰어났다. 그는 부축을 받지 않고 지팡이를 짚고 대통령 앞으로 가서 정중히 고개를 숙이고 메달을 기다렸다. 내가 힘쓴 것을 아는 대통령은 피터의 목에 메달을 걸기 전에 나를 향해 윙크를 하고 '안녕하세요, 밥' 하고 인사를 했다. 그러고는 눈에 띄지 않게 내 친구 피터의 어깨를 부드럽게 두드렸다.

피터의 장거리 비행기 여행은 그때가 마지막이었다.

이제 당신 차례다

시상식 전날 밤, 나는 피터를 위해 가족과 가까운 친구들만 초대해 만찬을 열었다. 증권사 에드워드존스의 경영파트너 존 바크먼, 서비스마스터의 빌 폴라드, 프랜시스 헤셀바인이 참석했다. 피터는 그날 일찍 비행기로 도착해서 낮잠을 잤고 나를 잠깐 만난 뒤 가족과 친구들이 모인 호텔의 비공개 만찬에 참석했다.

식사를 마친 후 우리는 각자 돌아가면서 피터에게 한마디

헤어지기 전에 피터는 마지막으로
자신에게 남아 있는 게 별로 없다는 말을 했다.
그때 존 바크먼은 좋은 면에서 여전히 내 뇌리를
떠나지 않는 말로 만찬을 마무리했다.
"이제 우리가 하겠습니다."

씩 했다. 풍성한 축하와 추억이 식탁으로 깃들었다. 피터는 일
일이 고마움을 표했다. 여러 사람과 같이 피터를 만난 그 어떤
때보다도 무척 따뜻하고 친밀한 만남이었다.

헤어지기 전에 피터는 마지막으로 자신에게 남아 있는 게
별로 없다는 말을 했다. 그에게는 아흔세 번째 해가 다가오고
있었고, 그는 여전히 글을 쓰고 있지만, 쉬지 않고 일할 때와
는 달리 힘도 시간도 많지 않다는 것을 느꼈다.

그때 존 바크먼은 좋은 면에서 여전히 내 뇌리를 떠나지 않
는 말로 만찬을 마무리했다. "이제 우리가 하겠습니다."

우리가 할 것이다. 나는 여전히 낙관주의자이고 피터가 평
생을 바쳐 이루고자 했던 온전한 사회가 가능하다고 믿는다.
쉬운 일은 아니지만 희생과 싸움이 없다면 얻는 것도 없다.
시간과 물질, 재능을 투자해 더 좋은 이웃과 사회를 계획하고

만드는 선의가 있어야 함은 물론 이 일을 위해 도량이 큰 사람들이 필요하다. 나는 세상의 가장 큰 소망이 교회에 있다고 믿지만, 각계각층의 선량하고 정직하고 근면한 부모, 이웃, 근로자, 리더 들이 힘을 모아 폭군에게서 세상을 보호하는 피터의 큰 미래상 또한 받아들인다.

드러커연구소

피터를 마지막으로 만난 후 나는 젊은 동료 데릭 벨과 함께 드러커기록원 이사회에 참석했다. 서비스마스터의 최고경영자 빌 폴라드가 피터를 기념해 지은 건물의 회의실에 둘러앉은 우리는 클레어몬트 대학원대학교(CGU) 측이 피터의 아이디어를 새로운 청중에게 새로운 방법으로 전하고 싶은 우리의 목표를 전폭적으로 지원해줄 것인지 판단해야 했다. 당시 드러커 가족은 CGU에서 피터의 유산을 지지하고 보호하겠다고 나설지 궁금해했고, 관심을 표시한 와튼비즈니스스쿨이나 뉴욕 대학교 같은 기관으로 피터의 기록물을 이전할지 결정해야 했다. 나는 CGU의 총장인 로비트 클리트가드에게 직접 물어봐야 한다고 느꼈다. 1940년대 루이스 조던이 부른 유명한 노래의 매우 감동적인 가사를 차용해 그의 뜻을 물었다. "당신은 나를 사랑하나요?"(Is You Is, Or Is You Ain't My Baby?) 이는 곧 우리가 CGU를 믿고 피터의 작품과 아이디어에 대한 일을 계속해도 되느냐는 물음이었다.

총장은 그러겠노라 확답을 하고, 창고에 종이 상자들을 쌓아둔 것처럼 들리는 '기록원' 대신 '연구소'를 세워도 좋겠다는 제안을 했다. 그 말을 들은 한 이사가 말했다. "누구에게 일을 맡길까요? 헌신적인 사람이 필요해요." 나는 조금도 망설이지 않고 데릭을 가리키며 "데릭이 할 겁니다"라고 말했다. 데릭은 기념비적인 사업을 마다할 인물이 아니었다. 그는 흔쾌히 일을 맡았다. 그리고 1년 반 동안 한 달에 한 번씩 테네시 주 내슈빌에서 캘리포니아 주 클레어몬트로 날아가서 드러커연구소의 기반을 닦았다.

2006년 5월은 기록원에서 연구소로 변모하는 과정 가운데 첫 번째 중요한 단계였다. 데릭의 통솔력으로 드러커 같은 일류 사상가들과 전문가들이 클레어몬트에 모여 한 가지 물음의 답을 찾았다. 피터 드러커의 유산은 무엇인가?

베스트셀러 《좋은 기업을 넘어 위대한 기업으로》(김영사)와 《성공하는 기업들의 8가지 습관》(김영사)의 저자 짐 콜린스, 전 재무부 장관이자 알코아 회장 폴 H. 오닐, 피앤지 회장이자 최고경영자 A. G. 래플리, 수십억 달러의 매출을 달성하고 있는 야마자키제과 최고경영자 노부히로 이이지마, 아시아 최대 유통업체 이토요카도그룹 설립자이자 명예회장 마사토시 이

오늘날 클레어몬트에 자리한 드러커연구소는
"조직을 튼튼히 하여 사회를 튼튼히 한다"는
목적을 이루기 위해 노력한다.

토 등이 참석했다.

드러커의 유산은 한 인물을 기념하거나 한 사람의 작품이
아니라는 게 그들의 대답이었다. 드러커의 유산은 우리가 일
하고 살아가는 기업과 사회를 책임질 미래의 리더들이 마땅히
실행해야 할 아이디어와 그 이상의 총체라는 게 그들이 내놓
은 답이었다.

나는 절차에 따라 드러커연구소의 확대 고문단의 설립이사
장이 되었고,《월 스트리트 저널》과 〈로스앤젤레스 타임스〉 수
석 편집자 출신으로 〈로스앤젤레스 타임스〉 시절 팀의 리더로
서 퓰리처상을 수상한 릭 워츠먼이 이끄는 활동적인 직원들을
지원하고 지도하는 일을 계속했다. 오늘날 클레어몬트에 자리
한 드러커연구소는 2006년 모임에서 세운 목표를 위해 직원들
이 정진하고 있다. "조직을 튼튼히 하여 사회를 튼튼히 한다"
는 목적을 이루기 위해 연구소는 피터의 아이디어와 비전을
실용적이고 감동적인 도구로 삼아 몇 가지 중요한 프로그램

을 운영한다. 지난 6년 동안 연구소는 수만 명에게 감동을 주었다.

드러커연구소는 기업에 맞춤식 최고경영진(C-suite) 워크숍 또는 '언워크숍'(Un-Workshops)을 제공한다(이 이름은 경직된 조직에 활기를 불어넣을 수 있는 입증된 방법에서 나왔다). 이 프로그램은 기업의 최대 난관을 드러커의 방법으로 해결하도록 연구소가 피앤지의 A. G. 래플리, 코스트코의 짐 시네갈, 메이시스의 테리 룬드그렌을 비롯한 최고 임원들을 도운 다년간의 성과가 바탕이 되었다.

사회 부문 조직을 위한 일은 10만 달러의 상금이 걸린 '피터드러커 비영리조직혁신상'을 중심으로 진행된다. 드러커연구소는 수상 신청 과정을 굉장한 교육 도구로 바꾸었는데, 신청자의 약 85퍼센트는 수상 경쟁 과정을 통해 "조직을 혁신할 기회를 더 많이 찾게" 되었다고 말한다. 나아가 연구소는 해마다 수상 신청을 하는 수많은 비영리 단체들이 드러커의 핵심 원리를 더 많이 배울 수 있도록 지원 과정을 통해 지식을 확산할 계획을 추진하고 있다.

드러커연구소는 정부 기관을 위해 드러커공공부문 플레이북을 시작했다. 공무원들은 열두 과정의 워크숍을 통해 리더십과 능률과 관련한 피터의 가르침을 배운다. 인디애나 주 사우스벤드에서는 플레이북을 시범 운영하고 있다. 미국의 280개

중형 도시에서 프로그램을 운영하려는 계획도 진행하고 있다.

드러커연구소는 이 세 가지 핵심 프로그램과 아울러 일일 블로그 〈드러커 익스체인지〉, 월간 라디오 팟캐스트 〈드러커 온 더 다이얼〉, 릭 워츠먼이 《타임》 온라인에 기고하는 격주 칼럼 〈드러커 디퍼런스〉를 통해 피터가 지닌 불멸의 지혜로 오늘날 일어나는 중요한 사건을 분석한다. 마지막으로 드러커연구소는 변함없이 피터의 기록물을 관리하고 있다. 기록물을 관리하는 정규직 전문연구원은 기록물을 크게 확충하고 디지털 작업도 병행했다.

이 모든 활동보다 더 많은 내용을 담고 있는 드러커기록원은 드러커연구소 홈페이지(www.druckerinstitute.com)에서 찾을 수 있다(이 책의 인세는 연구소 활동에 쓰인다).

나는 30여 년 전 젊은 기업가였을 때 내 회사의 자산 가치 목표를 비교적 높게 잡으면서 내가 일흔다섯 살까지 살면 죽기 전에 그 돈을 전부 사회에 환원하겠다고 약속했다. 일흔다섯 살은 쿠퍼연구소의 도움과 여러 자료를 취합하여 예상한 수명이었다(나는 매년 예방의학의 대부 케네스 쿠퍼 박사가 세운 쿠퍼연구소에서 검신을 받는다). 내가 사회 환원을 결정하는 데 피터가 끼친 영향력은 말할 수 없이 컸다. 그는 나에게 말했다. "자네가 할 일은 남들에게 활력을 주는 게 아니라 남들의 활력을 풀어주고 지도하는 것이야." 곧 미국 기독교가 묵히고 있는 힘

나는 피터가 나에게 한 말을 자주 생각한다.
"자네가 하는 일의 결실은
다른 사람들의 나무에서 열린다."
그 말 덕분에 나는 나보다 훨씬 더 뛰어난 사람들에게
헌신하면서 옆으로 비켜설 수 있었다.

을 쓸 수 있게 만드는 가장 좋은 방법은, 혁신적인 리더들을 모아 서로에게 배우고 또한 배운 것을 남들에게 가르칠 수 있도록 자원을 공급하는 것이라는 뜻이었다. 그래서 나는 지난 30년 동안 똑똑한 목사들을 한자리에 모아 그들 스스로 답을 찾도록 돕는 일을 했다. 《메시지》(복 있는 사람)의 작가 유진 피터슨의 말로 표현하면 자선사업에 대한 내 입장은 "오랫동안 한 방향을 유지하는 순종"이다.

이 글을 쓰는 나는 이제 일흔네 살 노인이다. 은퇴를 모르던 피터를 본받아 일흔다섯 번째 생일이 지나도 내가 하고 있는 일을 계속하고 싶은 마음이 간절하지만 인생을 결산할 날은 곧 찾아올 것이다. 나는 약속을 잘 지키고 있을까? 놀랍게도 나는 목표보다 40퍼센트를 웃도는 성과를 거두었다. 모두 신실하신 하나님 덕분이다.

밥 버포드, 피터 드러커에게
인생 경영 수업을 받다

나는 피터가 나에게 한 말을 자주 생각한다. "자네가 하는 일의 결실은 다른 사람들의 나무에서 열린다." 그 말 덕분에 나는 나보다 훨씬 더 뛰어난 사람들에게 헌신하면서 옆으로 비켜설 수 있었다. 사실 2005년 피터가 세상을 떠난 이후 나는 피터를 생각하지 않은 날이, 그의 영향력을 느끼지 않은 날이 단 하루도 없다. 한번은 피터가 씨 뿌리는 자의 비유를 들어 나를 말썽꾼이라고 불렀다. "자네는 일을 충분히 하고도 만족하지 않아. 씨 뿌리는 자의 비유는 백배가 힘들면 적어도 네다섯 배는 성과를 거두라고 말하지. 정말, 정말 헛갈리는 비유야."

그래, 헛갈린다. 하지만 개인의 사명 선언서는 티셔츠 전면에 들어갈 만큼 간결해야 한다고 피터가 말했을 때, 씨 뿌리는 자의 비유가 실마리가 되었다. 내 소명은 기업가 정신이 충만한 혁신적인 교회 리더들이 세상을 바꿀 수 있는 '좋은 땅'이 되는 것이기 때문에 나는 내 '셔츠'에 들어갈 문구로 '100×'를 선택했다. 이것은 자선사업에 대한 내 입장을 핵심적으로 표현한 글귀로, 피터의 도움이 없었다면 이렇게 간결한 사명 선언서를 만들지 못했을 것이다.

몇 년 전, 한 청년이 대형교회의 변화와 성장을 위한 아이디어를 가지고 나를 찾아왔다. 그 청년의 프라이버시를 위해 더 이상은 말하지 않겠지만 나는 결국 그 프로젝트의 가치를 알아보고 아이디어를 실행할 수 있는 자금을 지원했다. 프로젝트는 대형교회에 부족했던 부분을 감동적으로 채우는 성과를 냈다. 피터는 이런 혁신에서 내가 해야 할 역할에 대해 잘 알고 있었다. 그의 명료한 평가 덕분에 나는 사람들을 옆에서 돕는 내 역할을 더욱 깊이 이해할 수 있었다.

"그는 오랫동안 자네가 필요했어. 그는 더 이상 자네가 필요 없어."

그의 나무와 열매는 이제 자체적으로 잘해내고 있다. 자선 가에게는 만족스러운 투자수익률이다.

성경은 사람에게 "전에 예비하사 우리로 그 가운데서 행하게" 하시는 일생의 과업이 있다고 말한다(엡 2:10). 내가 좋아하는 시에서 다윗 왕은 이렇게 선언한다.

주께서 내 내장을 지으시며
나의 모태에서 나를 만드셨나이다 …
나를 지으심이 심히 기묘하심이라
주께서 하시는 일이 기이함을
내 영혼이 잘 아나이다
내가 은밀한 데서 지음을 받고 …
내 형질이 이루어지기 전에 주의 눈이 보셨으며
나를 위하여 정한 날이 하루도 되기 전에
주의 책에 다 기록이 되었나이다(시 139:13-16).

밥 버포드, 피터 드러커에게
인생 경영 수업을 받다

사람이 해야 할 일생의 과업은 영혼의 유전자에 기록되어 있다. 하지만 하나님은 우리에게 자유의지를 주셨으니 그것을 인정할 수 없다면 할 수 없다. 그것은 각자의 몫이다. 셰익스피어가 《햄릿》에서 명료하게 말했듯이 "사느냐 죽느냐 그것이 문제다". 한 가지 더 중요한 물음은 '어떻게?'다. 내가 고민한 문제는 하느냐, 마느냐, 또는 무엇을 하느냐가 아니라 '어떻게?'였다. 피터는 다른 사람들의 활력을 풀어주는 내 역할을 일깨워서 내가 그 물음에 대답할 수 있게 도와주었다.

무척 중요했던 한 주간, 그의 대답은 예정에 없던 다섯 번의 만남에서 다시 나를 찾아왔다. 오래전 나는 다섯 사람에게 시간이나 돈을 조금 투자했다. 나는 하나님이 그들에게 주신 특별한 임무를 시작할 수 있는 디딤돌이 되고 싶었다. 그들은 이미 자격이 충분했다. 다만 뒤에서 밀어줄 사람이 필요했다. "자네는 할 수 있어"라고 응원하고 "내가 어떻게 도와줄까?"라고 말해줄 사람이 필요했다. 나에게는 피터가 그런 사람이었다.

진지한 신자들은 자신의 소명을 어느 정도 알고 있지만 분주하고 바쁜 일상 속에서 많은 이들은 자신의 소명을 몇 년이고 묵히고 있을 것이다. 하지만 억눌린 소명은 몇 년이 지나도 그들을 떠나지 않고 일요일에 교회를 떠나는 그들의 뒤를 비난의 그림자처럼 따라붙는다.

예수님은 씨 뿌리는 비유에서 인생의 방해물을 "세상의 염

사람들은 가치 있는 인생을 바라지만
두 가지가 부족하다.
첫째, 그들은 소명에 대한 확신이 부족하다.
소명을 알아야 용기와 헌신이 따른다.
둘째, 그들은 격려가 필요하다.
"너는 할 수 있어. 그게 분명해질 때까지
얘기를 해보자"라고 말해줄 사람이 필요하다.

려와 재물의 유혹"으로 설명하셨다. 돈, 명예, 오성급 식당의
좋은 자리같이 성공을 자극하는 압박은 많고 끊이지 않는다.
사람들은 가치 있는 인생을 바라지만 두 가지가 부족하다. 첫
째, 그들은 소명에 대한 확신이 부족하다. 소명을 알아야 용기
와 헌신이 따른다. 둘째, 그들은 격려가 필요하다. "너는 할 수
있어. 그게 분명해질 때까지 얘기를 해보자"라고 말해줄 사람
이 필요하다.

그래서 나는 이제 '격려하는 사람'이 되는 것을 세 번째 직
업으로 삼았다. 피터가 나를 격려했듯이 나도 사람들을 격려
하기 위해 노력한다. 내가 피터에게 배운 격려에는 이런 요소
들이 있다.

- 동의: 하나님께서 뜻하신 사람이 되는 데 동의한다.
- 인정: 등을 두드리며 "해냈어! 잘했어!"라고 인정한다.
- 칭찬: 관심을 가지고 진심으로 알아주는 작은 칭찬은 큰 효과를 거둔다.
- 책임: '좋은 의도'를 '실행과 성과'로 바꾸어놓는 중요한 요소다.

격려는 긍정적인 활력을 발산하고 정신을 고취하며 장벽과 '불가능'을 가능하게 만든다. 보통 바깥 세계에서는 잘 보이지 않는 개인이 개인에게 건네는 한마디 작은 격려는 큰 변화를 만든다.

절친한 친구이자 미 해군 항공모함의 선장인 에드 앨런 제독에게 배운 것으로 글을 마무리하는 게 좋겠다. 그는 내가 하는 역할을 이렇게 설명했다. "미 해군을 움직이는 것은 캐터펄트야. 눈에 띄지 않지만 이것 덕분에 최대 중량 27톤인 F-14가 60미터의 짧은 활주로에서 하늘로 날 수 있어. 형은 항공모함이 아니야. 형은 전투기가 아니야. 형은 조종사가 아니야. 형은 전투기를 하늘로 띄우는 캐터펄트야."

나는 앨런 제독이 말한 극적인 시각 이미지를 들으며 내가 관여한 모든 사역의 목표를 떠올렸다. 리더십 네트워크가 대형교회 리더들을 위해 하는 일, 내 책《하프타임》이 중년을 맞은 역량 있는 기업 리더들을 위해 하는 일, 드러커연구소가 기

피터가 한 모든 일, 그가 쓴 모든 글은
사회는 온전하게 작동할 수 있고,
더 나은 세상과 더 인간적인 세상을 만드는 데
각자의 역할이 있다는
그의 깊은 확신에서 비롯되었다.

업, 사회, 공공 부문 리더들을 위해 하는 일, 모두 캐터펄트다.
피터는 나의 캐터펄트였다. 나는 사람들의 캐터펄트가 되는
일을 계속할 것이다. 무엇보다 이 일은 누구나 할 수 있다. 피
터가 한 모든 일, 그가 쓴 모든 글은 사회는 온전하게 작동할
수 있고, 더 나은 세상과 더 인간적인 세상을 만드는 데 각자
의 역할이 있다는 그의 깊은 확신에서 비롯되었다. 피터 드러
커와 텍사스 주 출신 기업가가 세상을 바꾸기 위해 공모했다
고 말하는 것은 건방지기도 하고 터무니없기도 하지만 우리는
최선을 다해 그 일을 했다. 여러모로 다른 점이 많았지만 우리
는 모든 사람에게 더 나은 길, 더 숭고한 목표, 더 고귀한 부르
심이 있다고 철석같이 믿었다. 우리가 작게나마 교회를 동원
해 사람들과 함께 그 부르심을 공유했다면, 세상은 하나님이
뜻하신 모습에 더 가깝게 변했을 것이다.

나는 변화가 일어나고 있다는 소식을 들을 때면 계속 놀란다. 당신도 피터와 나의 공모에 가담하길 바란다.

운동을
촉진하는 촉매

교회 성장 운동은 '매력'을 잃기 시작했다. 이것이 학술적 용어는 아니지만 내 말이 무슨 뜻인지 알 것이다. 이 운동은 성공적으로 출발한 이후 1980년대에 기울기 시작했다.

1956년 도널드 맥가브란의 《하나님의 선교 전략》(한국장로교출판사)이 출간되었다. 그는 효과적인 선교 전략을 톺아보았다. 교회 성장 운동이 태동하고 논의와 실행은 교회의 주류를 이루었다.

당시 교회들은 기도, 찬양, 설교에 대한 이야기만 하고 그 이상은 아무것도 하지 않았다. 상상하기 어렵겠지만 50년 전에는 교회 '운영'에 대한 이야기는 거의 없었다. 그동안 유익한 변화가 많이 일어났다.

하지만 2006년 맥가브란의 저서 출판 50주년 기념회에서

나는 "교회 성장 운동의 탄생과 성장, 죽음"이라는 불길한 제
목의 글을 발표했다. 2006년이 되자 교회 성장 전문가에 대해
이야기하는 교회는 드물어졌다. 그들은 중요한 교회의 목사들
에 대해 이야기하고 그들에게 귀를 기울였다. 짧은 동안 교회
성장 전문가들의 영향력은 중요한 가르침을 전하는 지역교회
목사들에게 넘어갔다.

그 일이 일어난 배경에 대해 모르는 분이 많은 것 같다. 그
들이 어떻게 세계 교회들을 교육하는 교회가 되었는지, 텍사
스 주 출신의 조용한 자선가 밥 버포드와 그의 스승 피터 드러
커가 이 일과 얼마나 관련이 있는지 모르는 분이 많을 것이다.

버포드는 케이블 TV 사업으로 부자가 된 후 자신이 번 돈
으로 변화를 일으키고 싶었다. 그의 영향력 덕분에 중요한 가
르침을 전하는 교회들이 등장했다. 그런 교회들은 교회 성장
운동을 근본적으로 대체하고 복음주의와 그 너머의 지형을 바
꾸었다.

튼튼한 기반

서던캘리포니아 대학교 도널드 E. 밀러 교수는《왜 그들의 교
회는 성장하는가》(KMC)에서 갈보리채플과 빈야드 같은 새로
운 운동의 태동에 대해 쓴다. 오늘날 교회에 끼친 그들의 영향

력은 결코 작지 않다. 밀러가 설명하듯이 그들은 교회를 혁신했다. 교단이 같더라도 당신이 다니는 교회는 할아버지가 다닌 교회에 비해 갈보리채플에 훨씬 더 가까울 것이다.

교회 성장 운동이 쇠퇴하자 갈보리채플과 빈야드 같은 새로운 아이디어가 자랐다. 그들은 교회들이 예배하는 방식과 문화에 접근하는 방식을 바꾸었다. 곧이어 다른 교회들도 예배와 문화를 대하는 방식을 바꾸었고 리더십을 새롭게 해석하기 시작했다.

그즈음에 밥 버포드는 교회 안에서 '튼튼한 기반'을 찾아서 투자하기로 결정했다. 그는 기하급수적인 성과를 기대했다. 투자는 성과를 거두었다.

버포드는 미국 개신교를 혁신하는 새로운 사역에 자신이 드러커에게 배운 리더십 지식과 원리를 융합했다.

물론 드러커는 초대형교회에 관심을 두고 있었다. 그는 《포브스》에서 이렇게 말했다. "목회적 초대형교회는 확실히 지난 30년간 미국 사회에서 일어난 가장 중요한 사회 현상이다."

사람들은 건강하게 성장하는 교회의 공동체를 만나 진실하게 변화되었다. 회사에서는 찾을 수 없는 공동체였다. 드러커는 이런 교회를 만날 수 있는 기회가 수백만 명에게 있다는 것을 알았다.

대형교회 현상은 의미 있는 방식으로 북미, 특히 미국을 강타했다. 이 운동은 교인들에게만 영향을 끼친 게 아니라 세속적인 유럽과는 다른 미래상을 제시하여 사회 전반에도 영향을 끼쳤다.

버포드와 드러커는 교회의 방향을 크게 바꾸었다. 즉, 당신이 다니는 교회는, 찬양은 갈보리채플과 비슷하겠지만 운영은 새들백 교회와 비슷할 것이다. 그 일부분은 두 사람 때문이다.

변화의 사람들을 기르다

약 30년 전, 버포드는 리더십 네트워크를 세우고 유력한 사람들을 움직였다. 그는 교육자를 가르치는 일에 시간을 투자했다. 그는 역량 있는 리더들이 서로 배우고 가르치는 학습 공동체를 만들었다. 그는 일찍이 빌 하이벨스, 릭 워렌, 로버트 루이스 목사 같은 사람들과 그 일을 했다.

버포드는 사람들을 가르치고 재능을 촉진할 유능한 리더들을 발굴했다. 결국 리더들은 굉장한 지도력을 갖추게 되었다. 재능 있는 목사들은 유능한 리더들로 변모했고 사역은 튼튼해졌다. 그들의 영향은 사방으로 번졌고 결국 버포드의 영향은 배가되었다.

리더십 네트워크는 결코 전면에 나서는 법이 없었다. 사실다른 사람들의 레이더에 포착되지 않게 저공비행을 하는 게 그 단체의 목표였다. 대신 그들은 고객을 리더로 바꾸고 교회를 스타로 만들었다. 주인공은 리더십 네트워크도, 버포드도 아니었다. 그늘은 정확히 그들이 의도한 자리였다. 그들은 무대의 역할을 했을 뿐 무대에는 오르지 않았다.

그 교회들은 뒤에서 촉매의 역할을 하는 버포드에 의해 서서히 한 가지 문제를 바꾸기 시작했다. 신학교들은 목사들에게 성경을 공부하는 법은 가르치지만(물론 이것은 훌륭한 교육이다) 교회를 지도하고 관리하는 법은 가르치지 않았다. 그들은 가르치고 설교할 수는 있어도 지도할 수는 없었다.

버포드는 통찰력 있는 리더십을 추구하는 교회 운동을 일으켰다. 당연히 그들의 운동과 방법은 수많은 교회에 영향을 끼쳤다. 아마 당신의 교회도 그중 하나일 것이다.

하지만 그게 촉매의 역할이다. 촉매는 반응 과정에서 소모되지 않으면서 화학 반응을 일으킨다. 촉매는 반응을 일으키고 또 일으킨다. 버포드가 힘쓴 사역의 역사를 읽으면 교회와 사역의 새로운 유력자들 사이로 로드맵이 나타난다. 그들은 모두 밥 버포드라는 촉매에 의해 더욱 유능한 사람이 되었다.

모임 그 이상

버포드는 모임을 주선하기만 한 게 아니다. 그는 자신이 바라는 일에 자금을 투자했다. 하지만 그는 함부로 투자하지 않고 기하급수적인 성과를 낼 수 있는 투자를 선별했다. 이를테면 콜로라도 주 출신의 억만장자 필 앤슈츠와 함께 '불타는떨기 나무기금'을 조성했다. 두 사람은 촉매가 되겠다는 열정으로 전략적 투자를 했다. 마크 드리스콜, 팀 켈러, 래리 오스본, 그렉 서렛, 닐 콜을 비롯한 여러 리더들이 교회와 사역에 뛰어들었다.

나는 프로젝트의 제2기에 동참했다. 나는 제1기에 초대된 명단을 보고 무명이던 그들이 전국에 영향을 끼치는 리더로 성장한 것에 깜짝 놀랐다.

그들은 버포드가 찾던 '튼튼한 기반'이었다. 그는 기반을 찾아서 자신의 영향력으로 다른 '기반들'과 연결하는 다리를 짓고 그들이 서로 배울 수 있는 기회를 만들었다. 버포드는 그들을 발전시켰고 배운 것을 전파하게 도왔다.

결국 그 교회들은 훌륭한 리더의 지도를 받고 더욱 큰 영향을 끼치게 되었다. 모두 조명과 무대에서 떨어져 있기로 결정한 한 사람 덕분이다.

누구의 공인가?

교회 성장 운동이 기울고 현대적 교회가 부상하는 동안 버포드는 새천년을 맞은 교회의 영향력을 재구성하는 촉매가 되었다. 그는 내내 비교적 드러나지 않게 일했다.

2013년 하반기에 나는 리더십 네트워크와 하프타임 조직을 기념하는 자리에서 발표를 했다. 나는 교회의 일부 분야가 성장하고 있다는 것을 도표로 보여주었다. 나중에 나는 그 도표를 액자에 넣어 밥에게 선물했다. 이유가 궁금한가? 선교학자인 나는 그 성장의 이면에 그가 있다는 것을 알기 때문이다.

해리 트루먼 대통령은 이런 말을 남겼다고 한다. "공적에 관심을 갖지 않으면 놀라운 일을 성취할 수 있다." 이것이 밥 버포드의 자세였다. 그는 공적에 관심을 두지 않고 드러커에게 배운 것과 사업에서 모은 재산을 촉매로 썼다.

당신이 밥을 몰랐을지라도 당신과 당신의 교회는 그의 영향을 받았을 것이다. 하지만 무엇보다 그는 하나님 나라의 촉매가 되기로 결정했다. 나는 하나님 나라를 위한 그의 열정과 투자에 감사한다.

라이프웨이리서치 대표

에드 스테처

www.edstetzer.com

감사의 글

이 이야기의 가능성을 믿어준 워디(Worthy) 출판사와 바이
런 윌리엄슨에게 감사드린다. 거의 3년 전, 내 동료 데릭 벨은
피터 드러커와 나, 그리고 때로 내가 데리고 간 친구들의 90시
간이 넘는 대화를 담은 아이팟을 절친한 친구 조지프 마시아
리엘로 교수에게 보냈다. 조는 아직 미출간된 드러커의 생각
을 자신만의 방식으로 정리했다. 결국 조는 피터 드러커의 유
일한 공저자였으니 그만한 적임자도 없었다. 그는 수천 장에
이르는 내용을 암기하다시피 했다. 끈기 있게 이 일을 해낸 조
에게 고맙다. 피터의 아이디어와 지혜에 관심이 있는 모든 사
람은 조의 다음 책이 출간되기를 학수고대해야 한다. 이 책과
쌍을 이루는 실용서가 될 것이다. 독자들이 아껴서 읽는 책이
될 수 있도록 내 글의 틀과 초점을 잡아준 린 크라이더먼에게

밥 버포드, 피터 드러커에게
인생 경영 수업을 받다

감사드린다.

내가 하는 모든 일이 순조롭게 진행되도록 일정을 관리해준 BJ 엥글에게 고마운 마음을 전한다.

마지막으로 내가 일하는 목적인 스승에게 감사드린다. 피터는 오래전에 나에게 활력을 공급하지 말고 안내하고 지도하라고 가르쳤다. 힘든 일은 모두 당신이 하셨다. 모든 목사, 교회 리더, 리더로 일하는 비범한 사람들, 스태프, 리더십 네트워크와 하프타임 이사 모두에게 감사드린다.

여러분의 잠재력이 활발히 분출되어 세상이 구원받기를 빈다.

"더 나은 세상을 만드는 역할에 대해 말하는 사람이 많다. 이 책은 정말 더 나은 세상을 만든 두 사람에 관한 이야기다. 경청하고 사랑하고 서로 배우고 성과에 집중한 두 사람은 더욱 온전한 사회에 기여하는 플랫폼을 만들었다."

마이크 리건 트랜즈액 테크놀로지 관계개발 최고책임자

"반세기 동안 피터 드러커는 1948년 일본에서 야마자키제과를 설립한 아버지와 나를 지도했다. 밥 버포드 덕분에 나는 피터의 변변찮은 마지막 제자가 될 수 있는 특별한 기회를 얻었다. 밥의 책 《밥 버포드, 피터 드러커에게 인생 경영 수업을 받다》에는 피터 드러커와 그의 경영학 이론에 대해 내가 궁금히 여긴 모든 것이 들어 있다. 이 책은 기업이든 비영리 단체든 인간의 모든 조직이 따라야 할 것, 곧 온전하게 작동하고 성과를 내는 모든 방식과 길을 보여준다. 이 책은 나에게 두 번째 경영학 바이블이 될 것이다."

노부히로 이이지마 일본 도쿄 야마자키제과 최고경영자

"밥 버포드가 들려주는 피터 드러커와의 여정은 두 길동무에 대한 놀라운 통찰을 전한다. 리더와 리더십에 대한 안내서로서 읽을 가치가 있다."

리처드 F. 슈버트

직업능력개발원 회장, 전 미국 적십자사 총재, 피터드러커 비영리경영재단 공동설립자

"밥 버포드는 피터 드러커가 자신을 위해 했듯이 성실하고 끈기 있게 사람들을 섬긴다. '당신은 할 수 있다. 어떻게 도와줄까?'라는

섬김의 자세는 상대방의 최선을 끄집어내는 강력한 방법이며 간단하지만 심도 있게 영향력과 성과를 높이는 방법이다. 자신은 '캐터펄트'가 되고 나는 '비행기'가 되게 한 밥의 지문(指紋)과 핵심 가치는 내가 운영하는 조직 안에 깊이 박혀서 살아 있다. 나는 밥 버포드가 나를 위해 한 일을 다른 사람들을 위해 하고 있다. 이것은 전염되고 배가된다. '고맙습니다, 피터. 고맙습니다, 밥!'"

토드 윌슨 익스포넨셜 설립자, 최고경영자

"밥 버포드는 피터 드러커를 만나러 가는 자리에 나를 데리고 갔고, 그 후로 내 인생은 완전히 바뀌었다. 《밥 버포드, 피터 드러커에게 인생 경영 수업을 받다》는 피터 드러커를 만나는 즐거운 여행으로 모든 사람을 초대한다."

리스 앤더슨 미국 복음주의협회 회장

"나는 밥 버포드와 피터 드러커가 있었기에 여기까지 이르게 되었다. 1988년, 나는 밥이 주선한 목사들의 작은 모임에서 처음 밥을 만났고 드러커의 가르침에 자극을 받았다. 지난 25년을 돌아보면 내가 이룬 중요한 결실은 모두 밥과 관련이 있다. 이 책의 제목은 '내 친구 버포드와 드러커'가 되어야 할 것이다."

랜디 프레이지 오크힐스 교회 목사, 《인생을 충만하게 채우는 여백 만들기》(CUP) 저자

"피터 드러커의 가르침은 하나님이 내 사역에 주신 큰 선물이다. 모두 밥 버포드 덕분이다."

빌 하이벨스 윌로우크릭 교회 설립목사

"《밥 버포드, 피터 드러커에게 인생 경영 수업을 받다》는 감동적인 이야기이자 대의를 위한 사회 혁명을 다룬 탁월한 핸드북이다. 성공한 사업가이자 유력한 그리스도인의 시선으로 밥 버포드는 현대 경영학의 아버지 피터 드러커를 스승으로 따른 20년 세월을 자세히 설명한다. 이 훌륭한 책은 드러커와 버포드가 어떻게 친구가 되었고, 더 나은 사회를 만들기 위해 미국 교회와 사회 부문에서 어떻게 힘썼는지 보여준다. 이 책은 감동적이면서도 곳곳에 있는 리더십 원리를 기억하기 위해 책장 모서리를 접어야 하는 보기 드문 수작이다."

데이브 퍼거슨

커뮤니티크리스천 교회 목사, 뉴씽 네트워크 비저너리, 《빅아이디어》(디모데) 저자

"《밥 버포드, 피터 드러커에게 인생 경영 수업을 받다》에서 밥 버포드는 우리를 피터 드러커에게 소개했다. 우리는 그를 잘 알지 못했다. 대부분 그를 기업 경영을 위해 일하는 사람으로 알았다. 그게 아니었다. 그는 사람과 조직을 위해 일하는 사람이었다. 그는 조직을 효과적으로 만들고 사람들의 성취를 도왔다. 그가 기업에 집중한 것은 재무 정보 하나면 기업의 성과를 알 수 있었기 때문이다. 하지만 시간이 흐를수록 기업의 경쟁이 과열되고 차츰 임원의 보상과 단기 성과에 대한 치중만 이루어지자 그는 환멸을 느꼈다. 판매, 이윤, 보상이 중요하지 않아서가 아니라 그것만 중요해졌기 때문이다.

그 무렵 색다른 조직 하나가 등장했다. 돈을 더 많이 버는 데 혈안이 된 조직이 아니라 사회에 영향을 주려는 조직이었다. 그 조

직은 피터의 핵심적인 신념과 판단을, 가장 빠르게 성장하는 조직, 곧 초대형교회에 적용했다. 초대형교회의 성장은 전통적인 교회가 채우지 못한 세대의 필요와 바람이 있다는 증거였다.

밥은 이 책에서 드러커와 그의 작품이 지닌 무척 독특한 면면을 밝히며 경영학의 포괄성을 강조한다. 즉, 정부든 기업이든 사회부문이든 경영학의 원리는 기본적으로 같다. 출발점은 빌 하이벨스, 릭 워렌, 밥 버포드 같은 열정적인 리더다.

나는《밥 버포드, 피터 드러커에게 인생 경영 수업을 받다》를 이제 막 다 읽었다. 책을 중간에 덮을 수가 없었다. 교회 리더들이 피터의 가르침에서 도움을 받았듯, 이 책을 읽는 교회와 기업의 리더들은 피터의 가르침을 적용한 현대 교회에서 배울 점이 있을 것이다.

피터의 가르침을 받은 같은 학생으로서, 나는 어디까지가 피터의 생각이고 어디까지가 자신의 생각인지 몰랐다는 밥의 말이 재미있게 와 닿았다. 나도 마찬가지다. 나는 피터의 됨됨이와 작품에서 이런 면면을 우리에게 보여준 밥의 큰 섬김에 감사한다."

존 바크먼 에드워드존스 경영파트너

"《밥 버포드, 피터 드러커에게 인생 경영 수업을 받다》는 피터의 가장 좋은 부분과 밥의 가장 좋은 부분을 보여줌으로써 이 책을 읽는 모든 독자에게서 가장 좋은 부분을 끄집어낸다. 나에게 그런 일이 있었고 당신에게도 그런 일이 생길 것이다. 지금껏 내가 읽은 책 중에서 최고다."

월트 캘러스태드 조이 교회 담임목사

"피터 드러커가 그의 노년에 기업이 아니라 사회 부문 조직에 오랜 시간을 쏟았다는 사실은 널리 알려지지 않은 이야기다. 이 책의 저자 밥 버포드는 그의 가르침을 받은 리더다. 이 책은 단순한 회고록이 아니라 사회 리더들에게 그들이 하는 중요한 일에 피터의 여러 생각을 적용해보라는 요청이다."

데이브 트래비스 리더십 네트워크 최고경영자, 최고격려자

"《밥 버포드, 피터 드러커에게 인생 경영 수업을 받다》에서 밥 버포드는 현대 초대형교회 운동의 진로를 바꾸어, 세상에 영향을 주고 세상을 구원할 초대형교회의 역량을 기른 유력한 두 남자의 흥미로운 우정의 속살을 보여준다."

스티브 스트룹 레이크포인트 교회 목사, 《종족 교회》 저자

"우리는 전설 뒤에 진짜 사람이 있다는 점을 잊는다. 피터 드러커는 한 세대의 기업과 기업가 정신을 바라보는 관점을 바꾸어놓았다. 밥 버포드는 미국 기독교를 변화시켰다. 두 전설적 인물은 서로 기뻐하고 지지하고 배우는 친구였다."

제프 샌더퍼 액턴 MBA 설립자, 수석교사

"피터 드러커는 획기적인 리더십 원리로 전 세계의 리더들을 변화시켰는데 그를 인간적으로 아는 사람은 많지 않다. 매우 개인적인 이 책에서 밥 버포드는 경영학의 구루(guru)이자 더 훌륭한 친구와 스승으로서 드러커의 위대한 영향력을 보여준다. '밥, 당신이 직접 마셨던, 깊이를 헤아릴 수 없는 잔을 똑같이 마실 수 있게 해줘서

고마워요.'"

데이브 델크, 패트릭 몰리 맨인더미러 공동 최고경영자

"피터 드러커의 지혜는 여러 사람에게 영향을 끼쳤다. 몇 사람은 그를 친구와 스승으로 두는 특권을 누렸다. 이 책은 밥 버포드가 피터에게 도움을 받은 후, 그에게서 배운 지혜를 여러 사람들에게 배가하는 과정을 보여준다."

빌 폴라드 서비스마스터 명예이사장, 드러커연구소 이사

"나는 사역 초기에, 일하는 사람보다 일하는 사람들을 배가하는 사람이 더 중요하다고 배웠다. 적어도 일부는 사실이었다. 피터 드러커와 밥 버포드는 특별히 이것을 한 단계 더 발전시켰다. 그들은 배가하는 사람을 배가하는 유산을 남겼다. 피터 드러커가 밥 버포드를 길렀다면 밥 버포드는 나 같은 목사들을 수없이 길렀다. 그는 우리를 배가시킨 사람이다. 나는 오늘날 밥 버포드만큼 교회에 영향을 끼친 사람은 드물다고 수없이 말했다.《밥 버포드, 피터 드러커에게 인생 경영 수업을 받다》를 읽고 나면 그가 왜, 어떻게 이런 일을 했는지 알 수 있을 것이다. 배가하는 일이 전문인 피터 드러커라는 인물의 영향이 크다. 이 책은 읽는 책이 아니라 공부해야 하는 책이다. 진주 같은 통찰이 가득하다."

랜디 포프 페리미터 교회 목사

"밥 버포드는 스승인 피터 드러커에게 받은 가르침을 독자들에게 고스란히 소개한다.《밥 버포드, 피터 드러커에게 인생 경영 수업을

받다》는 범상치 않은 두 남자의 특별한 우정을 가까이에서 관찰하는 즐거움을 독자에게 선사한다. 그리고 독자는 '당신은 어떤 사람으로 기억되길 바라는가?'라는 드러커의 중요한 물음에 새롭고 진지한 자세로 대답을 찾는다."

잭 퍼스트 드러커연구소 소장

"배경이 서로 다른 두 선구자의 흥미로운 이야기다. 두 사람은 미국 교회를 위한 사회적 기업을 고안하고 실행했으며 수많은 사람들의 인생을 바꾸었다."

톰 루스 TWL 컨설팅 최고경영자, 수학과학교육 이니셔티브 이사장

"《밥 버포드, 피터 드러커에게 인생 경영 수업을 받다》는 무척 특별하고 감동적이다. 이 책은 하나님의 부르심에 신실하게 응답하는 밥 버포드의 이야기다. 그는 가족에 대한 책임을 다한 후에 일찍이 때가 되어 부르심을 받았다. 밥은 드러커의 적극적인 참여로 자신의 비전을 성취한다. 리더십 네트워크와 하프타임연구소, 밥의 수많은 출판물은 전적으로 사람들의 재능을 개발하는 데 쓰였다. 이것은 드러커의 일생과 일의 원동력이었다. 20년이 넘는 두 사람의 협력은 나에게 운명처럼 보였다. 사람들의 변화를 위해 일하는 우리에게 그들이 거둔 풍성한 결실은 감동적이다. 이 책을 꼭 읽고 그 내용을 마음에 새기길 바란다!"

조지프 마시아리엘로 피터드러커 마사토시이토 경영대학원 선임연구원, 명예교수

"나는《밥 버포드, 피터 드러커에게 인생 경영 수업을 받다》를 읽

으며 밥이 스승인 피터 드러커와의 관계를 따뜻하고 진실하게 묘사하는 대목에서 마음을 빼앗겼다. 전형적인 스승은 전문가 세계의 관습적인 규칙을 가르친다. 하지만 위대한 스승은 신앙, 관계, 일을 포함한 '전인적' 생에 집중한다. 이것은 '전인적 생'에 대한 책이다. 밥은 피터에게 배운 것을 나를 포함한 다른 사람들에게 전달했다. 밥은 내가 시작한 사역의 캐터펄트였다. 밥에게, 그리고 지금은 피터에게 감사한다."

다이앤 패디슨

비영리 단체 4워드(www.4wordwomen.org) 설립자, 《일, 사랑, 기도》 저자

"《밥 버포드, 피터 드러커에게 인생 경영 수업을 받다》는 밥 버포드와 피터 드러커의 우정에 관한 이야기다. 하지만 그게 전부는 아니다. 이 책은 피터 드러커의 지도와 격려로 밥 버포드가 지난 30년 동안 성취한 모든 일을 보여주는 생생한 사례 연구다. 나는 드러커에 관한 '새로운' 사실이나 그의 경영학 원리가 아니라 내가 아는 누군가가 그것을 어떻게 적용했는지가 마음에 들었다. 나에게, 내가 하는 일에 똑같은 원리를 어떻게 적용할 수 있을지 여백에 쓰면서 책을 읽었다. 나는 이 책이 정말 마음에 든다. 나는 밥 버포드를 좋아한다. 그는 나에게 큰 영향을 미쳤다. 그가 어떻게 그런 생각을 했는지 조금은 알겠다! '밥, 고마워요.'"

밥 로버츠 노스우드 교회 목사

"경영학의 구루 피터 드러커와 밥 버포드가 한 일은 밥의 베스트셀러 책들을 통해 수백만 명이 알고 있다. 하지만 두 남자가 오랜

우정을 나누었다는 것과 동시대의 사회적 지형에 큰 영향을 끼쳤다는 것을 아는 사람은 드물다. 그들의 정신과 마음이 만나서 미국의 현대 초대형교회 운동이 시작되었다. 미국 기독교의 혁신적인 변화를 밝히 보여주고, 누구나 의미 있는 일을 할 수 있다는 확신을 주는 훌륭한 책이다."

빌 사이먼 《부름에 순종하는 삶》 저자, 기업가

"밥 버포드와 피터 드러커와의 마지막 만남은 결코 잊지 못할 것 같다. 같은 공간에서 그들의 작별 인사를 듣는 것은 특별한 선물이었다. 우리가 사는 세상을 실질적으로 바꾼 피터와 밥을 이해하기 위해 연구하고 관찰한 세월이 아주 길었다. 밥과 나는 슬픔과 기쁨을 나누었고, 에베소서 2장 10절에서 발견한 아이디어를 같이 실행하는 것을 사명으로 삼았다. 나에게 영향을 준 인상적인 만찬은 한두 번이 아니다. 나는 피터 드러커가 밥 버포드를 위해 한 일에 영원히 감사하며, 밥이 나에게 해준 일에 더 깊이 감사한다."

데릭 벨 모자이크 트러스트 대표, 버포드재단 공동경영자

"밥의 우정을 통해 피터 드러커를 만나서 도움을 받은 나는 확실히 말할 수 있다. 이 책보다 더 진실하고, 정확하고, 권위 있는 특별한 우정에 관한 이야기는 앞으로 읽지 못할 것이다."

프레드 스미스 개더링 대표

"경험이 부족한 목사 초년생 시절, 나는 피터 드러커의 경영 통찰을 닥치는 대로 읽었다. 나중에 이른바 초대형교회의 목사가 된

후, 나는 밥 버포드와 리더십 네트워크의 모든 것을 가리지 않고 섭취했다. 나는 전체 그림이 불분명하고 갈피를 잡지 못하면 두 사람을 찾는다. 《밥 버포드, 피터 드러커에게 인생 경영 수업을 받다》에서 밥은 두 사람의 관계를 가리고 있던 커튼을 열고, 오랫동안 수많은 사람들에게 통찰을 가르친 피터 드러커를 독자들이 직접 만날 수 있게 한다."

래리 오스본 노스코스트 교회 목사, 작가

"밥에게 피터 드러커가 스승이자 파트너, 친구였다면 나에게는 밥이 그런 사람이다. 피터가 밥에게 끼친 영향은 고스란히 하프타임 조직으로 전해졌고, 나에게 밥은 '피터 드러커'나 다름없는 사람이 되었다. 그는 나에게 세밀한 음성으로 더 나은 경영자, 남편, 아버지가 되라고 끈질기게 지도한다. 하지만 《밥 버포드, 피터 드러커에게 인생 경영 수업을 받다》에서 가장 눈에 띄는 것은 밥의 특출한 리더십 능력이 아니다. 그가 날마다 하나님의 종으로 서는 겸손한 자세다. 그는 겸손한 마음으로 하나님께 집중하고 자신의 특별한 소명에서 눈을 떼지 않는다. 나는 밥이 피터 드러커와의 관계를 조금이나마 세상에 보여줘서 고맙다. 하나님의 나라에 비슷한 영향을 끼치기 위해 노력하는 우리가 되었으면 한다."

딘 니울니 하프타임 최고경영자

"밥 버포드는 피터 드러커에게 받은 것이 많다. 나는 지난 15년 동안 스승인 밥에게 받은 것이 많다. 그래서 나는 드러커를 존경한다. 밥은 배가하는 일에 평생을 바쳤다. 나는 그의 헌신으로 복을 누렸고 다른 사람들에게도 복을 나누어주었다. 결실하고 배가하는 일, 그게 우리가 해야 할 일이다."

닐 콜 유기적 교회 개척자, 교회배가협회 설립자, 《교회 트랜스퓨전》(스텝스톤) 저자

"친구가 없는 사람은 드물지만 우정의 프리즘을 통해 위대한 인물들의 일생을 엿볼 수 있는 기회는 좀처럼 생기지 않는다. 《밥 버포드, 피터 드러커에게 인생 경영 수업을 받다》는 그런 기회를 허락한다. 밥 버포드는 보기 드문 인물을 엿볼 수 있는 드문 기회를 제공하고, 자기가 누린 우정의 결실을 아낌없이 베푼다. 드러커를 좋아하는 독자라면 반드시 읽어야 할 흥미롭고 유익한 책이고, 그를 처음 만나는 독자에게는 훌륭한 입문서다."

에드 스테처 라이프웨이리서치 대표

"밥 버포드에게서 리더십의 영향을 받은 사람이 무척 많다. 이제 그는 자신에게 영감을 준 특별한 인물에 대한 통찰을 제공한다."

니키 검블 홀리트리니티브롬턴 교회 목사, 알파코스 책임자

"세상을 바꾸는 두 남자의 우정을 넘나드는 풍성하고 친밀한 여행은 나에게 인생의 지혜를 허락할 뿐 아니라 젊은 리더들에게도 전하고 싶은 마음을 심어준다."

로이드 리브 《부부를 위한 하프타임》 저자

국제제자훈련원은 건강한 교회를 꿈꾸는 목회의 동반자로서 제자 삼는 사역을 중심으로 성경적 목회 모델을 제시함으로 세계 교회를 섬기는 전문 사역 기관입니다.

밥 버포드, 피터 드러커에게 인생 경영 수업을 받다

초판 1쇄 발행 2015년 7월 3일
초판 3쇄 발행 2016년 4월 25일

지은이 밥 버포드
옮긴이 최요한

펴낸이 박주성
펴낸곳 국제제자훈련원
등록번호 제2013-000170호(2013년 9월 25일)
주소 서울시 서초구 효령로68길 98(서초동)
전화 02)3489-4300 **팩스** 02)3489-4329
이메일 dmipress@sarang.org

ISBN 978-89-5731-695-5 03230